You Know?
시장경제가 뭐지!

**You Know? 주니어경제 ③
시장경제가 뭐지!**

2019년 2월 25일 초판 발행
2021년 6월 25일 3쇄 발행

지은이   채화영
발행인 겸 편집인   김낙봉
일러스트   이수정
사   진   Fotolia.com
          김래주
디자인   박영정
교   정   우정민
발행처   북네스트
출판등록   제2016-000066호
주   소   경기도 고양시 일산서구 강성로 232번길 16-2
전   화   070-8200-6727
팩   스   031-622-9863
독자문의   laejoo@naver.com

ⓒ채화영 2019
ISBN 978-89-93409-28-4
ISBN 978-89-93409-19-2 (세트)

사람을 행복하게 하는 출판사 북네스트

값 13,000원

이 도서의 국립중앙도서관 CIP는 서지정보유통지원시스템 홈페이지(http://seoji.nl.go.kr)와
국가자료공동목록시스템(http://www.nl.go.kr/kolisnet)에서 이용하실 수 있습니다.(CIP제어번호: CIP2018042536)

주니어경제 시리즈 ③

You Know? 너 아니?
시장경제가 뭐지!

글 **채화영** · 감수 **박상수**(고려대학교 경제학과 교수)

북네스트

저자의 말

누구나 자유롭게 돈을 벌고 행복할 수 있는 시장경제

경제는 세상을 살아가기 위해 꼭 배워야 할 중요한 공부예요. 우리 생활에 필요한 물품과 서비스를 만들고 쓰는 모든 활동이 바로 경제이기 때문이지요. 여러분이 과자를 사 먹거나 인기 아이돌의 노래를 듣는 것도 모두 경제 활동에 포함돼요.

그만큼 경제는 우리 생활과 밀접한 관계를 맺고 있어요. 경제는 '경세제민'이라는 한자어에서 나온 말이에요. 세상을 경영해 백성을 구제한다는 뜻이지요. 경제는 돈을 벌고 쓰는 활동뿐만 아니라 그 모든 것을 둘러싼 질서, 제도를 포함하고 있어요.

그 안에서 사람들은 하고 싶은 일을 하며 돈을 벌고 소비해요. 번 돈으로 여행을 가고, 필요한 것을 사고, 저축도 하지요. 기업들도 마찬가지예요. 휴대전화, 자동차, 가구 등 다양한 제품을 만들고 유통시켜 돈을 벌어요. 이러한 거래는 모두 '시장'에서 이루어진답니다.

시장은 농산물이나 생선 등 생활에 필요한 물품을 파는 곳이기도 하지만 크게는 거래가 이루어지는 모든 곳을 뜻해요. 거래는 물품들을 사고파는 사람들에 의해 자연스럽게 가격이 결정되는데, 이를 토대로 이루어지는 경제를 '시장경제'라고 불러요. 시장경제 체제에서는 자유와 사유재산을 인정하기 때문에 누구나 자유롭게 돈을 벌고 원하는 소비를 통해 행복을 누릴 수 있어요.

또, 내가 노력한 만큼 재산을 늘릴 수 있으므로 사람들은 더 많이 벌기 위해 서로 경쟁해요. 그 과정에 경제가 더 활성화되고 자연스럽게 국가 경제도 발전하게 되지요.

시장경제는 여러분이 아는 대부분의 나라들이 시행하는 경제 제도예요. 경제 활동이 자유롭지 않던 중국, 베트남 같은 공산국가들도 현재는 시장경제 요소를 받아들여 국민의 생활수준을 높여 가고 있어요.

그렇다면 시장경제는 언제부터 시작되었을까요? 또, 앞으로 시장경제는 어떻게 변모해 나갈까요? 시장경제는 18세기 중엽 산업혁명 이후 시작되어 수정과 보완을 거쳐 오면서 현재에까지 이르게 되었어요.

요즘 많이 듣는 말인 4차 산업혁명이 펼쳐질 미래에는 아마 또 다른 시장이 등장하게 될지도 몰라요. 그때를 대비하려면 시장경제에 대해 공부하고 관심을 가져야 해요.

이 책에서 여러분은 시장경제의 역사와 특성 그리고 경제의 여러 모습들을 만나게 될 거예요. 나아가 시장경제를 유지하고 발전시키는 방법에 대해서도 궁리해 보게 될 거예요. 어쩌면 학용품이나 과자를 살 때, 음악을 다운로드 받을 때, 부모님과 마트에 갈 때마다 시장경제의 원리와 특성을 생각하게 될지도 몰라요.

이 책을 통해 여러분이 '경제'라는 친구와 좀 더 친근하게 되기를 소망합니다. 시장도 시장경제도 항상 우리 가까이에 있으니까요.

채화영

차 례

제1장
이래서 시장경제야

1. 시장은 어떻게 시작되었을까? ·10

2. 경제면 경제지 왜 시장경제? ·18

3. 시장경제 반대쪽엔 계획경제가 있어요 ·26

4. 보이지 않는 손이 가격을 결정한다고? ·34

5. 한라봉 사러 제주도까지 안 가도 돼! ·42

제2장
시장의 여러 얼굴

6. 백화점은 왜 비쌀까? · 52

7. 대형 마트는 어떻게 해서 쌀까? · 60

8. 온라인 쇼핑몰도 시장이야! · 68

9. 마케팅으로 소비자를 잡아라 · 75

10. 기업끼리도 거래를 한다고? · 83

11. 시장경제의 꽃, 서비스 산업 · 91

12. 제4차 산업혁명! 또 다른 시장이 열릴 거야 · 99

제3장
시장경제를 지키려면!

13. 빵 하나에 1,000억 마르크? · 108

14. 공공이익과 내 이익 사이! · 116

15. 큰 정부는 뭐고, 작은 정부는 뭐야? · 124

16. 경제에도 심판이 있다고? · 132

17. 따뜻한 경제가 세상을 바꾼다 · 140

제1장
이래서
시장경제야

1. 시장은 어떻게 시작되었을까?

"오늘 수확한 싱싱한 배추가 있소이다!"

"따끈따끈한 떡 사 가세요!"

"장작이요 장작! 불이 아주 잘 붙는 장작 있습니다!"

장터 입구에 다다르자 상인들의 떠들썩한 목소리가 들려오기 시작했어요.

"이런! 서둘러야겠다."

옹기장이는 발걸음을 재촉했어요. 그 바람에 등짐 안에 있던 그릇들이 덜그럭거렸어요.

장터에 들어서자 채소와 과일, 떡 등 다양한 먹거리가 좌우 좌판에 진열되어 있었어요. 한쪽에서는 돼지 뼈를 푹 고아 만든 국밥과 부침

개를 팔고 있었지요.

"하루 종일 걸어왔더니 배가 고프네."

옹기장이는 김이 모락모락 나는 국밥을 먹으며 자신이 만든 옹기들을 흐뭇하게 바라보았어요. 장날에 맞춰 며칠 동안 구운 그릇이에요. 질 좋은 흙과 땔감을 구하고, 흙으로 그릇 모양을 빚어 그늘에서 잘 말렸어요. 그런 뒤 장작불 가마에 그릇을 넣고 정성스레 구웠지요.

"잘 구워졌구나!"

옹기장이는 좋은 그릇을 더 많이 만들고 싶었지만 그럴 수만은 없었어요. 그릇을 멀리 있는 장터까지 내다 팔자면 많은 시간이 걸리는 데다 그날은 장사꾼이 되어야 했으니까요.

"여기가 좋겠군!"

배를 채운 옹기장이는 적당한 곳을 골라 자리를 잡았어요. 바닥에 거적을 깔고, 크기도 모양도 다른 그릇을 진열해 놓았어요. 그런데 웬일인지 장날이면 항상 만나던 짚신 장수가 보이지 않았어요. 대신 다른 사내가 짚신을 팔고 있었어요.

"자 자! 한번 신으면 보름은 거뜬한, 질기다 질겨 짚신이요!"

사내는 짚신 한 짝을 들고 고래고래 소리를 질렀어요. 그 옆엔 짚신 수십 켤레가 쌓여 있었고요.

"여보시오! 저 많은 짚신을 혼자 다 만든 거요?"

옹기장이의 말에 사내는 황당하다는 표정을 지었어요.

"아니, 지금이 어떤 세상인데 혼자 물건을 만들고 팔고 한답니까?

나는 물건을 팔아만 주는 상인이요, 상인!"

"그럼 물건을 만드는 사람이 따로 있단 말이오?"

"허허, 이렇게 세상물정에 어두워서야! 물건을 만드는 사람 따로, 파는 사람이 따로 있다니까 그러네!"

옹기장이는 깜짝 놀랐어요.

'오호라! 나는 그릇을 만들기만 하고, 상인이 나 대신 시장에 팔아 준다? 그렇게 되면 나는 그릇 만들기에 더 집중할 수 있잖아!'

옹기장이는 자리에서 벌떡 일어나 소리쳤어요.

"나도 상인이 필요하오! 어디 가면 만날 수 있소?"

생산자와 소비자의 이해가 맞아떨어지는 곳

옛날에는 장터, 장시 등으로도 불렸던 시장. 그렇다면 시장은 언제, 왜 생겼을까요?

물물교환으로 물품을 구하던 옛 사람들은 큰 불편을 느꼈어요. 원하는 물품을 찾아 헤매느라 여간 힘든 게 아니었지요. 그래서 좀 더 편리한 방식을 생각해 냈어요. 정해진 날짜와 정해진 장소에 모여서 서로 필요한 물품을 교환하기로 한 거예요.

그러자 옷감을 짜는 사람, 농산물을 키우는 사람, 장신구를 만드는 사람 등 다양한 물품을 가진 사람들이 한 공간에 모였어요. 장소는 주

상인들은 시장의 형성에 큰 역할을 했어. 중국-유럽을 잇는 비단길도 거래를 위한 길이었지.

로 어느 마을에서나 오기 편한 길목이면서 평지인 곳이었지요. 어때요? 지금의 시장과 비슷하지 않나요?

그런 과정에 누구에게나 꼭 필요한 물건들(예를 들면 쌀이나 옷감 등)이 화폐처럼 쓰이기 시작했어요. 그러면서 사람들은 보다 편리하게 물품을 거래하게 되었지요. 그런데 시간이 지나면서 또 다른 문제가 생겨났어요. 물품을 만드는 것도 벅찬데 판매까지 하려니 너무 힘들었던 거예요. 그때 해결사처럼 등장한 사람들이 있었으니, 바로 상인이랍니다.

상인들은 생산자의 물품을 모아서 파는 일을 했어요. 물품을 만들

화폐는 시장의 발달에 날개가 되어 주었어. 옛날 주화의 주형(중국)과 고려시대 화폐인 해동통보.

고 판매까지 하던 생산자들은 물품을 상인에게 좀 싸게 넘겼어요. 그 대신 생산에 주력할 수 있었지요. 상인은 생산자한테서 사 온 물품 값에 얼마씩의 이익을 붙여 시장에서 팔았어요. 판매하는 일만으로도 충분히 먹고살 수 있었으니까요.

상인들의 등장으로 물품은 더 먼 곳까지 옮겨질 수 있었어요. 이렇게 물품이 이동하는 것을 유통이라고 해요. 좁게는 같은 지역 안에서, 멀게는 다른 나라에까지 확장되었지요. 실제로 옛 중국 상인들은 비단과 종이, 화약 등 다양한 물품을 싣고 산을 넘고 사막을 건너 유럽까지 나아갔어요.

그중 특히 비단이 많이 유통되었는데, 사람들은 물품이 오가는 이 길을 '비단길'이라고 불렀어요. 유럽에서는 이 길을 통해 보석이나 향료, 후추 같은 물품을 중국으로 보냈어요.

상인들은 신상품을 찾아 또 다른 새로운 길도 개척했어요. 15세기 아메리카의 발견이 대표적이에요. 유럽의 상인들은 그곳에서 처음으

조선시대 종로에는 나라의 중심 시장이었던 시전이 있었어. ⓒ서울역사박물관

로 담배와 감자, 코코아를 알게 되어 그것들을 유럽에 가져다 퍼뜨렸어요.

그렇다면 우리나라의 시장은 어떻게 발전했을까요?

《삼국사기》에 따르면 신라 소지왕 12년(서기 490년) 경주에 설치된 '경사시'가 우리나라 최초의 시장이에요. 고려시대에는 수도였던 개성이 상업에서도 중심지가 되었어요. 관에서 '전포'라는 시장을 두었는데, 개성은 중국과 멀리 아라비아에서도 상인들이 찾아오는 도시였어요.

조선시대에는 1412년 태종 때 종로거리에 800여 칸에 이르는 '시전'이 설치되었어요. 시전에는 특정 상품을 독점해서 팔 수 있는 자격이 허락된 큰 상점들도 있었어요. 선전(비단), 면포전(무명), 면주전(명주), 지전(종이), 저포전(모시, 베), 어물전(생선)이 그것이지요. 이를 육의전이라고 불렀어요.

지방에는 보통 닷새마다 열리는 5일장 같은 시장이 있었어요. 이들 시장을 옮겨 가며 활동하는 상인들도 등장했지요. 사극 드라마에 흔히 나오는 보부상(褓負商)이 그들이에요.

보부상은 보상과 부상을 합친 말이랍니다. 보상은 주로 기술적인 세공품이나 값이 비싼 사치품을 보자기에 싸서 들고 다니며 팔았어요. 그리고 부상은 일상적인 생활용품을 지게에 지고 다니며 장사를 했어요. 그야말로 걸어 다니는 상점이었지요.

시장의 발달에는 화폐의 사용도 빼놓을 수 없어요. 우리나라에서는 물품화폐(쌀, 소금, 면포 등)가 조선시대까지 통용되었지요. 그런 가운데 금이나 은 같은 귀금속, 금속에 가치를 표시한 주화가 같이 쓰였어요. 화폐는 거래와 물가의 기준이 되어 시장을 활성화시키는 데 결정적인 역할을 했어요.

[화폐와 관련해서는 주니어경제 시리즈 제1편인 《You Know? 생활의 기본 – 화폐, 돈》을 보면 자세히 알 수 있어요.]

이렇게 보면 시장의 등장, 상인의 활동, 화폐의 사용, 이 세 가지가 시장경제를 일으킨 바탕이라고 할 수 있겠네요. 오늘, 엄마와 함께 손잡고 가까운 시장을 방문해 보는 건 어떨까요? 지금 배운 시장의 역사를 생각하면서 말이에요!

핵심 요약 1

상인들의 등장으로 시장은 발전의 길을 걸었어.

정해진 날짜와 장소에 모여 물품을 교환한 게 시장의 시초!

상인이 등장하면서 생산자는 생산에만 집중할 수 있었지.

상인들 덕분에 물품은 더 먼 곳까지 옮겨졌어.

우리나라의 시장 역사는 신라 소지왕 때의 '경사시'가 최초야.

2 경제면 경제지 왜 시장경제?

　1821년 영국의 런던. 공장은 새벽부터 기계 돌아가는 소리로 시끄러웠어요.
　"데이브! 뭐 하는 거야?"
　기계음 사이로 피터의 목소리가 들려왔어요. 꾸벅꾸벅 졸던 데이브가 화들짝 놀라 눈을 떴어요.
　"앗!"
　데이브는 자기 앞에 수북이 쌓인 실을 보고 깜짝 놀랐어요.
　"데이브! 빨리 해!"
　피터가 옷감을 짜면서 소리쳤어요. 기계는 꾸역꾸역 계속 실을 토해 내고 있었어요. 데이브는 고개를 세차게 흔든 뒤 실뽑기에 집중했어요. 실을 잘 뽑아야 피터가 옷감을 만들 수 있었거든요.

"자 자! 작업 속도를 더 올려! 오늘 500벌은 만들어야 한다고! 너희들이 만든 옷감이 증기기관차에 실려 세계로 뻗어 나간다고 생각해 봐라! 얼마나 감격스러운지!"

새 양복을 차려입은 사장이 큰 소리로 외쳤어요.

"저 시계 좀 봐. 엄청 비싸 보인다."

데이브가 사장의 손목시계를 보며 피터에게 속삭였어요.

"면직물이 엄청 잘 팔리잖아. 이젠 인도에까지 수출한대. 그러니 돈을 얼마나 많이 벌겠어."

"좋겠다. 우린 겨우 빵 몇 조각 살 돈밖에 못 버는데."

일은 밤이 되어서야 끝났어요. 데이브는 빼곡히 들어선 공장들을 지나서 형이 일하는 석탄 공장으로 향했어요. 형은 증기기관에 넣을 석탄을 나르고 있었어요.

"데이브!"

얼굴에 검댕이 잔뜩 묻은 형이 웃으며 손을 흔들었어요.

형과 데이브는 1년 전 시골집을 떠나 무작정 런던으로 왔어요. 그때부터 한 푼 두 푼 돈을 모으기 시작했어요. 적지만 내 돈이 생긴다는 건 정말 신기하고 즐거운 일이었어요.

"봐! 오늘 이만큼이나 벌었어!"

형이 헝겊 주머니를 보여 주며 말했어요. 그 안에서는 동전들이 반짝반짝 빛나고 있었어요.

"내일 은행에 가서 저금하자."

공장을 가동해 많은 돈을 번 사장들은 또 곳곳에 공장을 세웠어요. 데이브처럼 일을 하러 도시로 몰려오는 노동자들도 점점 늘어났지요. 그들은 받은 월급으로 빵을 사고, 옷을 사 입었어요. 다행히 면직물 생산량이 많아서 옷값은 저렴했어요.

"형! 여기 또 건물이 생겼어!"

"예전엔 다 풀밭이었는데. 언제 이렇게 건물이 많이 생겼지?"

공장의 굴뚝이 늘어날수록 도시도 거대해졌어요. 돈을 많이 번 사람들은 고급스런 옷을 입고, 비싼 음식을 먹었어요. 데이브는 그들 사이에 자신이 서 있는 상상을 했어요.

"형! 우리도 돈 많이 벌어서 부자 되자!"

"그래!"

굴뚝 그림자를 밟으며 데이브는 형과 집으로 향했어요.

경제는 거래를 통해 움직이기 때문에 시장경제인 거야

부자가 되겠다는 데이브의 꿈은 이루어질 수 있을까요?

쉽진 않겠지만 데이브가 노력한다면 언젠가는 그 꿈을 이룰지도 몰라요. 왜냐하면 시장경제에선 누구나 자유롭게 경제 활동을 할 수 있

18세기 산업혁명 시기의 상징과도 같은 증기기관. ⓒFotolia

으니까요.

18세기 중반 영국에서 일어난 산업혁명은 시장경제 성립의 중요한 배경이 되었어요. 기계가 발명되면서 물건이 대량 생산되었고, 수많은 노동자들이 공장에서 일을 했어요. 그에 따라 농촌은 쇠퇴하고 공장과 상업은 점점 발전했지요. 그렇게 만들어 낸 물건을 팔기 위해선 더 큰 시장이 필요했어요. 공장의 주인들은 시장을 개척하기 시작했고 '부르주아'라는 자본가로 성장했어요.

이들은 자유롭게 물건을 만들어 더욱 커진 시장을 통해 팔았어요. 그 안에서 노동자들도 일자리를 얻어 돈을 벌었지요. 번 돈을 은행에 저금하기도 하고, 옷이나 식료품을 사기도 했어요. 내 재산이었기 때문에 어떤 곳에 쓰든 뭐라 할 사람이 없었지요.

　자유로운 거래는 시장경제 체제의 가장 기본적인 원리예요. 생산자와 소비자는 시장에서 만나 경쟁을 통해 자유롭게 경제 활동을 하고, 각자의 이익을 얻기 위해 노력해요. 생산자는 되도록 적은 비용으로 물건을 만들고 팔아서 더 많은 이익을 남기기 위해 경쟁을 벌여요. 소비자는 그 가운데 자신에게 가장 유리한 제품을 사서 만족을 얻고요. 이게 시장경제의 기본이에요.

　이런 경제 활동이 가능한 이유는 사유재산이 인정되기 때문이에요. 재산을 국가가 아닌 개인이 소유하기 때문에 가능한 것이지요. 내 재산이 안 된다면 열심히 물건을 만들어 팔고 열심히 일할 이유가 있을까요? 사유재산은 경제 활동에 가장 큰 동기를 부여해 줘요. 때문에 시장경제에서는 없어서는 안 될 매우 중요한 요소예요.

　이러한 활동은 모두 시장을 통해 이루어져요. 때문에 시장은 항상 활발하게 돌아가게 돼요. 예전에는 '시장'을 물건을 사고파는 장소로만 한정했어요. 하지만 현대의 시장은 그렇지 않아요. 거래가 이루어지는 모든 곳이 시장이지요.

　이를테면 물품을 만드는 회사와 그 재료를 만드는 회사 간의 거래, 공연, 관광 등 현대의 시장은 그 범위가 훨씬 넓어요. 이해를 위해 더 이야기하면 무대에서 공연을 하는 극단, 해외여행 고객을 모집하는 여행사도 생산자라 할 수 있어요. 반면 돈을 내고 공연을 보거나 여행 상품을 이용하는 사람들은 소비자예요.

시장은 단지 마트만이 아니라 거래가 이루어지는 산업계 전체를 의미해. ⓒFotolia

물건 가격은 소비자의 기호에 따라 자연스럽게 형성돼요. 소비자들이 도넛을 좋아하면 비싸도 팔릴 것이니 가격은 상승해요. 반대로 인기가 없으면 가격이 내려가게 되는 거예요. 생산량도 도넛의 인기에 따라 늘거나 줄거나 할 거예요.

이러한 시장경제 활동은 크게 생산, 분배, 소비로 나눌 수 있어요.

생산은 가방이나 신발처럼 생활에 필요한 것을 만드는 것을 뜻하지만 학교 선생님의 수업처럼 가치를 높이는 활동도 포함돼요. 보이진 않지만 학생들의 지식을 높여 주는 무형의 생산이기 때문이지요.

분배는 물품을 만들거나 제공한 만큼 대가를 얻는 것을 말해요. 아빠가 회사에서 일하고 받는 월급, 빵가게 사장이 빵을 팔아서 버는 돈, 은행이 돈을 빌려주고 받은 이자 등이 모두 그런 것들이에요. 이를 경제 전체로 보면 분배가 이루어지는 모습이라고 할 수 있어요.

마지막으로 소비는 여러분이 음식을 사 먹거나, 영화를 보거나, 버스를 타는 것처럼 생활에 필요한 것을 구입하는 활동을 뜻해요. 소비를 하자면 돈이 있어야 하니 그 전제로 분배 활동에도 참여해야 하지요. 이렇게 생산과 분배, 소비는 서로 맞물려 돌고 돌아요.

이러한 활동 역시 시장에서 자유롭게 이루어지고 있어요. 언뜻 무질서하게 보이지만 시장 가격에 의해 생산과 소비가 조정돼요. 때문에 나름대로 체계적인 질서를 갖고 있답니다. 아마 데이브도 시장경제 속에서 자유롭게 경쟁하며 꿈을 키워 갔을 거예요.

시장경제는 생산, 분배(소득), 소비로 이루어져. 분식점은 여러분이 좋아하는 소비 장소 중 하나!

핵심 요약 2

18세기의 산업혁명은 시장경제 성립의 중요한 배경이 되었어.

열심히 일해서 부자가 될 거야.

시장경제의 기본은 자유 경제와 사유재산에 대한 인정이야.

월급 탔으니 맛있는 거 사먹어야지!

물건이 잘 팔리니 공장을 더 지어야겠어!

시장경제 체제에서는 누구나 자유롭게 경제 활동을 할 수 있어.

공연도 생산이야. 관객은 소비자이고.

시장경제는 생산, 분배(돈을 버는 것), 소비가 맞물려 돌아가.

시장은 판매, 공연, 서비스 등 공급과 수요가 일어나는 모든 곳을 의미해.

3 시장경제 반대쪽엔 계획경제가 있어요

학교 수업이 끝나자마자 다혜는 친구들과 후다닥 교실을 나왔어요.

"떡볶이 먹을 사람!"

"나!"

다혜의 말에 수지와 연후가 손을 번쩍 들었어요.

"해순아! 너도 같이 가자!"

그때 조용히 지나가던 해순이를 다혜가 붙잡았어요.

"나도?"

"응! 진짜 진짜 맛있는 떡볶이집이 있거든."

다혜가 해순이의 손을 잡아끌었어요.

"떡볶이 2인분, 순대 1인분, 튀김 1인분 주세요!"

"어묵 국물도요!"

분식집에 들어서자마자 아이들은 약속이나 한 듯 척척 주문하기 시작했어요. 해순이는 그런 친구들이 그저 신기할 뿐이었지요. 해순이는 탈북자 가정의 아이로 한국이 아직 익숙지 않았어요. 1년 전 부모님과 함께 북한을 탈출하기 위해 목숨을 걸고 압록강을 건넜거든요.

그 뒤 남한에 정착하게 되었지만 해순이에겐 모든 것이 낯설었어요. 남한의 언어, 문화를 배운 뒤 뒤늦게 학교에 들어갈 수 있었지요.

"해순아! 북한에도 떡볶이 있니?"

"해순아! 북한 아이들은 뭘 제일 좋아해?"

아이들은 입에 떡볶이 국물을 잔뜩 묻힌 채 해순이에게 물었어요. 그 모습이 너무 웃겨 해순이는 그만 큰 소리로 웃고 말았어요.

"너희들을 보니까 북에 있는 내 친구들이 생각나. 인민학교에서 나랑 같이 수업을 받았던 친구들…."

고향 생각을 하자 해순이는 금세 우울해졌어요.

"거기선 이렇게 간식을 마음대로 사 먹을 수 없어. 쌀도 나라에서 배급해 주는 걸 먹어야 해. 배급 카드를 가져가면 쌀과 잡곡이 섞인 식량을 주거든."

연후가 떡볶이 하나를 날름 입에 넣으며 말했어요.

"에이, 그럼 떡볶이 좋아하는 사람이 분식집을 차리면 되지! 돈도 벌고 얼마나 좋아?"

해순이는 심각한 표정으로 대답했어요.

"북한에서는 이런 가게도 개인의 것이 아니야. 모두 나라에서 관리해. 지금은 장마당(시장)이 많이 생겼다지만 어쨌든 개인이 장사하는 건 법으로 금지되어 있어."

"뭐?"

아이들이 입을 헤벌린 채 소리쳤어요.

"북에서는 개인의 재산을 인정하지 않거든. 땅도, 집도, 가게도 모두 국가 재산이야. 식당, 상점도 국가에서 운영하는 국영 상점이고."

"그럼 가게 주인들은 너무 재미없겠다. 열심히 일해 봤자 자기 돈이 아닌 거잖아."

계획경제는 자본주의의 빈부격차를 비판하며 태어났어.

다혜가 이해가 안 된다는 표정으로 대답했어요.

'왜 서로 이렇게 다른 걸까?'

고구마튀김을 한입 베어 물며 해순이는 생각했답니다.

시장경제의 단점 파고들었으나 더 큰 문제를 드러내다

해순이의 이야기에 친구들이 깜짝 놀라고 말았네요. 쌀도 배급받고, 가게도, 공장도 모두 국가의 것이라니. 북한 사람들은 얼마나 재미가 없을까요?

우리나라에선 볼 수 없는 이런 풍경은 남북이 서로 다른 경제 제도를 갖고 있기 때문이에요. 우리는 시장에 의해 경제가 결정되는 시장경제 체제예요. 반면 북한은 국가가 경제를 주도하는 계획경제 체제를 갖고 있어요.

계획경제는 시장경제를 비판하면서 등장했어요. 산업혁명으로 탄생된 자본주의는 시간이 갈수록 많은 문제점을 드러냈어요. 회사를 운영하는 자본가들은 점점 부를 쌓아 갔어요. 반면 노동자들은 긴 시간 일해도 받는 돈이 많지 않았어요. 그러다 보니 자본가와 노동자 계층 사이의 빈부격차가 점점 더 심해졌지요.

그러자 이를 비판하는 사람들이 나타났어요. 그들은 개인의 사유재산과 자유 경쟁을 인정했기 때문에 이러한 폐단이 나타난 것이라고 주장했어요. 이를 해결하려면 공동 자산, 공동 생산, 공동 분배를 해야 한다고 목소리를 높였지요. 그리고 이런 의미를 담은 공산주의를 탄생시켰어요.

공산주의는 19세기 후반, 독일의 학자 마르크스와 엥겔스에 의해 확립되었어요. 이후 러시아의 혁명가였던 레닌(옛 소련 최초의 국가 원수)에 의해 실천되었지요. 개인의 재산 소유를 인정하지 않고 국가를 중심으로 재산을 공동 소유함으로써 빈부의 격차를 해소한다는 사회 제도가 만들어진 거예요.

계획경제는 이렇게 시작된 경제 체제예요. 모든 사람들이 경쟁 없

공산국가 소련을 세운 레닌은 공동 생산, 공동 분배를 기본으로 하는 계획경제를 채택했지.

이 평등하게 사는 세상. 그것이 바로 계획경제가 꿈꾸는 세상이었지요. 실제로 과거 공산주의 국가였던 구소련과 동유럽 여러 나라들은 생산 수단을 모두 국유화했어요.

하지만 그들이 바라던 꿈은 이루어지지 않았어요. 사유재산이 없어지자 사람들은 일할 의욕을 잃어버렸어요. 그에 따라 생산력도 저하되었고요. 노력에 대한 보상이 이루어지는 방식이 아니었기 때문이에요. 굳이 열심히 일할 필요가 없어진 것이지요. 어차피 똑같이 분배받을 테니까요.

사람들이 열심히 일하지 않게 된 공산주의 국가들은 자본주의 국가들에 비해 국민총생산이 형편없이 낮았어요. 그러다가 1991년 소련

계획경제 속에 시장경제 요소를 도입해 경제가 빠르게 성장하고 있는 중국. ⓒFotolia

이 해체되었어요. 그 후 소련을 이어받은 러시아를 비롯한 동유럽 국가들은 하나둘 시장경제 체제로 전환하기 시작했어요.

현재 계획경제를 유지하고 있는 나라는 북한과 몇몇 독재 국가뿐이에요. 공산국가인 중국, 베트남도 계획경제를 유지하고 있지만 시장경제 요소를 적절히 활용하고 있지요.

시장경제는 사람들이 자율적으로 경제 활동을 할 수 있다는 데 그 가치가 있어요. 우리에게는 직업을 선택할 자유, 돈을 벌고 쓸 자유가 있어요. 또, 능력만 된다면 자신의 회사를 설립해 운영할 자유도 있어요.

하지만 여기서 말하는 자유란, 내 마음대로 할 수 있는 '무조건적인 자유'는 아니에요. 회사 사장이 회사의 이익을 위해 몰래 폐수를 버린다면 어떻게 될까요? 그것도 내 자유라고 말할 수 있을까요? 자유는 남에게 피해를 끼치지 않는 선에서 누려야 해요.

경쟁도 마찬가지예요. 경쟁이 심해질수록 잘못된 방법으로 이득을 취하는 이들이 있어요. 특히 기업 간의 경쟁이 심해질수록 이런 문제점은 자주 나타나요. 더 많은 이익을 얻기 위해 질이 나쁜 재료를 사용하거나 허위 광고, 과장 광고로 소비자를 속이는 것이지요. 대기업과의 경쟁 속에서 힘없는 중소기업이나 개인이 큰 타격을 입기도 해요. 경쟁을 허용하는 시장경제라 해도 남에게 피해를 줘선 안 되는 이유예요.

앞으로 우리가 해결해야 할 것은 시장경제의 문제점을 보완해 좀 더 바람직한 제도로 발전시켜 나가는 일이에요. 그럼 금수저, 흙수저 같은 말 대신에 행복, 평등과 같은 말이 더 자주 들리지 않을까요?

핵심 요약 3

계획경제는 사유재산과 개인의 경제 활동을 인정하지 않아.

"자유 경쟁은 노동자들에게 불리하니 바꿔야 해."

"공동 생산, 공동 소유로 지상낙원을 이룹시다!"

계획경제는 공산주의 이론을 세운 독일의 칼 마르크스가 처음 제시했어.

"천천히 해. 돈 더 주는 것도 아닌데."

"나라 발전엔 역시 시장경제가 옳아"

계획경제는 근로 의욕을 떨어뜨려 나라를 가난하게 만들었어.

공산국가인 중국, 베트남은 시장경제를 받아들여 경제 발전을 이루고 있지.

국영 공장 / 국영 상점 / 국가 주택

계획경제는 공평한 세상을 꿈꾼다지만 모두가 가난한 평등을 가져왔어.

4 보이지 않는 손이 가격을 결정한다고?

"엄마! 저거 사 주세요!"

혜지가 초콜릿이 잔뜩 묻은 쿠키를 가리키며 소리쳤어요.

"어?"

그런데 방금까지 같이 있던 부모님이 보이지 않았어요. 혜지는 두리번거리며 엄마, 아빠를 찾았어요. 그러다 과일 코너 앞에 서 있는 부모님을 발견했어요.

"이거 사자니까."

"글쎄, 나중에 사자고요."

엄마, 아빠는 수박을 보며 실랑이 중이었어요. 과자를 사 달라고 조를 참이었던 혜지는 괜히 부모님의 심기를 건드릴까 봐 눈치만 보았어요.

"딱 하나만 삽시다."

아빠가 잘생긴 수박 하나를 들고 말했어요.

"곧 제철 수박 나올 텐데, 꼭 비싼 하우스 수박을 먹어야겠어요?"

엄마가 조용히 타이르듯 말했어요.

"그때까지 어떻게 기다려요. 딱 봐도 아주 잘 익었구먼."

혜지가 초콜릿 쿠키를 좋아하는 것처럼 아빠도 수박을 좋아했어요. 여름이 되면 수박화채, 수박 샐러드, 수박 주스까지. 수박이라면 뭐든 만들어 먹었지요.

"하우스 수박? 집에서 키워서 비싼 거예요?"

지혜가 고개를 갸우뚱하며 물었어요.

"하하. 집에서 키우는 게 아니라 비닐하우스 같은 시설을 설치하고 그 안에서 과일을 키우는 거란다."

아빠가 웃으며 대답했어요.

"아! 비닐하우스 본 적 있어요. 근데 그냥 키우는 거나 비닐하우스 안에서 키우는 거나 똑 같은 과일 아니에요? 왜 더 비싸지?"

"하우스를 설치하는 데 비용이 많이 들거든. 그래서 과일을 많이 생산할 수 없어. 수박을 원하는 사람은 많은데, 수박 개수는 부족하니까 가격이 오르는 거지."

엄마가 혜지의 머리를 쓰다듬으며 말했어요.

"그럼 여름에는요? 여름에는 수박이 많이 나오잖아요!"

농산물은 공급과 수요에 의해 가격이 결정되는 대표적인 물품이야.

"수박을 원하는 사람 못지않게 생산량이 넉넉하니까 가격이 내려가겠지."

이번엔 아빠가 대답했어요.

"가격이 올랐다 내려갔다 하네요. 꼭 누가 값을 조정하는 것 같아요!"

혜지는 시소처럼 오르락내리락하는 가격이 재미있게 느껴졌어요.

"그래서 이런 현상을 '보이지 않는 손'이라고 한단다."

아빠가 손바닥을 흔들며 말했어요.

"보이지 않는 손?"

손은 손인데, 보이지 않는 손이라니! 혜지는 자신의 손을 보며 중얼거렸답니다.

소비자와 상인의 마음이 균형을 이루는 지점!

보이지 않는 손이 가격을 결정한다니! 마법사가 마술이라도 부리는 걸까요?

생각해 보니 우리가 자주 사 먹는 과자, 빵, 아이스크림의 가격은 그

파는 사람과 사는 사람의 심리에 의해 자연스레 값이 정해지는 현상을 '보이지 않는 손'이라고 해.

때그때 달라요. 특히 농산물의 경우는 날씨, 풍년 등에 따라 변동이 더 심해요. 가격은 상품의 가치를 돈으로 나타낸 거예요. 내가 아이스크림을 1,000원 주고 샀다면 아이스크림의 가치는 1,000원이 되는 것이지요. 결국 1,000원이라는 돈과 아이스크림을 교환하는 셈이에요.

하지만 아이스크림이 항상 1,000원의 가치를 갖는 건 아니에요. 1,500원으로 오를 수도 있고 800원으로 내려갈 수도 있어요. 가격은 고정된 것이 아니기 때문에 시기와 장소에 따라 오르락내리락해요.

영국의 경제학자 애덤 스미스는 가격은 '보이지 않는 손'에 의해 결정된다고 말했어요. 왜 보이지 않느냐고요? 수요와 공급이라는 경제 법칙에 의해서 결정되기 때문이에요. 수요란 물건을 사고 싶어 하는 소비자의 욕구를 뜻해요. 반면 공급은 물건을 팔려는 상인이나 생산자의 욕구를 뜻해요.

즉, 정부 혹은 특정 인물이 가격을 인위적으로 조정하지 않아도 수요와 공급의 변화에 따라 물건의 가격이 알맞게 결정된다는 뜻이지요. 마치 보이지 않는 어떤 손이 가격을 조절하는 것처럼 말이에요.

소비자는 되도록 싼값에 제품이나 서비스를 사려고 해요. 반대로 공급자는 비싼 값에 팔려고 하지요. 그래야 이익이 많이 남을 테니까요. 하지만 공급자가 가격을 계속 올리면 소비자들은 부담을 느끼고 물건을 사지 않을 거예요.

이런 심리로 인해 가격은 물건을 사려고 하는 사람의 수와 시장에 공급되는 물건의 양을 통해 자연스럽게 결정돼요. 초콜릿을 예로 들어 볼까요? 1,000원짜리 초콜릿이 100개가 있어요. 그런데 초콜릿을 원하는 사람이 200명이라면 가격은 어떻게 될까요? 공급량보다 수요량이 많기 때문에 초콜릿의 가격은 올라가게 돼요. 양이 적을수록 그 가치는 더 높아지기 때문이에요.

1,000원짜리 초콜릿이 1,500원으로 오르면 공급자는 이익이 크니 초콜릿을 더 많이 만들 거예요. 그럼 공급량이 수요량보다 많아지게 되어 다시 가격이 내려가요. 초콜릿의 양이 많아진 만큼 가치가 떨어지기 때문이에요.

배고픈 아이 다섯 명과 피자 한 조각이 있다면, 피자 한 조각이 얼

가격은 제품의 성능, 디자인, 고객의 관심 등 여러 요소를 바탕으로 정해져.

마나 소중하게 느껴질까요? 피자가 열 판일 때보다 훨씬 높은 가치를 갖게 될 거예요. 가격에는 이런 수요와 공급만이 아니라 제품의 원가, 가게 임대료, 인건비 등 여러 요소가 영향을 미쳐요.

이러한 과정이 꼭 눈에 보이는 상품에만 국한되는 건 아니에요. 회사에서 일하고 받는 월급, 빌린 돈에 대한 이자, 미용실에서 머리를 자르는 비용이나 버스 값처럼 눈에 보이지는 않지만 비용을 치러야 하는 서비스 상품도 수요와 공급에 의해 가격이 결정되거든요.

즉, 시장경제 체제에서의 가격은 모두 '보이지 않는 손'에 의해 책정돼요. 정부는 이러한 과정을 인정하고 될 수 있는 한 시장에 개입하지 않아요. 가격이 알아서 신호등 역할을 해 주기 때문이에요.

상품의 가격이 내려가면 공급자는 빨간불이라 생각하고 물건을 적게 만들어요. 반면 상품의 가격이 오르면 파란불이라 생각하고 물건을 많이 만들어요. 반대로 소비자는 상품의 가격이 내려가면 파란불이라 생각하고 물건을 구입해요. 그에 비해 가격이 비싸지면 빨간불로 인식해 물건을 사지 않아요.

마치 신호등으로 인해 교통이 원활해지는 것처럼, 가격 역시 시장의 신호등이 되어 소비자와 공급자가 현명한 판단을 할 수 있도록 돕는 것이지요.

자, 이제 보이지 않는 손의 실체에 대해 잘 알았나요? 만약 마트에서 물건을 살 때 혹시라도 가격이 오른 물건이 있다면 '보이지 않는 손'에 대해 잠시 생각해 보자고요!

5. 한라봉 사러 제주도까지 안 가도 돼!

아, 잘 잤다. 근데 여긴 어디지? 뭐! 서울? 정말 서울이야? 우와! 드디어 제주도에서 서울로 건너왔구나. 친구들이 하나둘 떠나는 거 보면서 나는 언제 가나 했는데.

앗, 미안! 내 소개가 늦었지? 난 제주도에서 태어난 제주도의 명물, 제주도의 스타! 성은 한, 이름은 라봉! 한.라.봉이라고 해. 이름이 특이하다고? 헤헤. 봉긋 솟아오른 내 머리 꼭지 부분이 한라산이랑 닮았다고 해서 붙여진 이름이야.

근데 여기 정말 마음에 든다. 이렇게 으리으리하고 큰 마트 한가운데 내가 놓여 있다니. 사실 오랜 시간 배를 타고 오느라 조금 힘들었거든. 혹시 유통 상인이 나만 두고 가면 어쩌나 얼마나 걱정했는지 몰

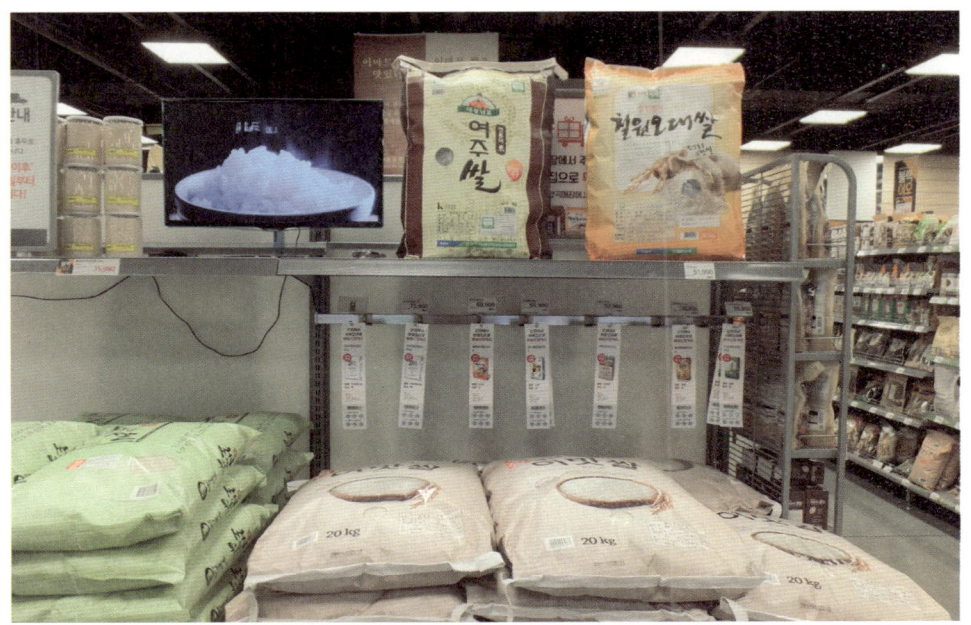

지방에서 생산된 쌀이 도시에서 팔릴 수 있는 건 유통 상인이 있기 때문이야.

라. 배 타고 오는 내내 잘 보이려고 예쁜 표정도 짓고, 깔끔하게 포장지 옷도 입었다니까. 그런데 이렇게 무사히 서울에 도착하다니! 와, 내 몸값도 꽤 높게 적혀 있는걸? 이게 다 유통 상인 덕분이야!

만약 유통 상인이 없다면 난 평생 제주도 바깥에는 알려질 일이 없었을 거야. 왜냐고? 한라봉이 열려서 잘 익으면 농부는 그것을 따서 유통 상인에게 맡겨. 그러면 유통 상인이 여기저기로 보내거든.

그 덕분에 서울, 부산, 광주, 대전 등 전국 어디에서든 소비자와 만날 수 있어. 사람들이 한라봉을 먹으러 굳이 제주도까지 올 필요가 없는 거지.

이렇게 제품이 생산자에게서 소비자에게 전해지는 과정을 유통이

대형 마트의 물류 하역장. 물류는 물품의 이동을 의미하는 말로 유통의 파트너야.

라고 해. 유통 상인은 생산자와 소비자를 이어 주는 역할을 하지. 때문에 우리에겐 없어선 안 될 매우 중요한 존재야.

어, 저길 좀 봐! 청양에서 온 고추, 이천에서 온 쌀, 울릉도에서 온 오징어까지 있어. 말로만 듣던 천안 호두과자도 있네! 모두 나처럼 유통 과정을 통해 이리로 온 거야. 저 친구들도 유통 상인이 날라 온 거지.

쉿, 잠깐! 저기 모자 쓴 젊은 남자 보여? 어떡해! 지금 나에게로 오고 있어! 나를 사 갈 건가 봐. 이렇게 빨리 선택되다니. 최대한 예쁜 표정을 지어야지.

"한라봉 싱싱해 보인다. 근데 가격이 좀 비싸네."

안 돼요! 놓지 말아요. 저 진짜 달고 맛있다고요!

"그냥 참외 사야겠다."

안 돼! 이럴 수가. 내 몸값이 너무 비싼가 봐. 그럼 가격을 내리면 되지 않느냐고? 그건 곤란해. 나는 다른 과일들보다 귀한 데다 멀리서 배를 타고 왔기 때문에 조금 더 비싼 거라고.

앗! 저기 또 누군가 오고 있어. 이번엔 제발 그냥 가지 말아야 할 텐데. 친구들아. 나중에 혹시라도 마트에서 날 보면 지나치지 말고 꼭 인사해 줘. 나를 구입하면 더 좋고! 새콤달콤한 과즙이 입 안에 쫙 퍼지는 게 얼마나 맛있는지 몰라. 자, 약속!

그럼 난 이만 손님 맞으러 가 볼게. 안녕!

지역의 상품을 전국 어디에서나 살 수 있게 하는 유통

제주도에서 온 한라봉, 천안의 호두과자, 청양의 고추! 마트에 가면 전국 각지에서 올라온 농수산품을 볼 수 있어요. 우리나라 상품뿐인가요? 바다 건너온 호주산 돼지고기, 미국산 쇠고기는 어떻고요! 또, 노르웨이에서 건너온 연어는 요즘 우리나라 사람들이 즐겨 먹는 생선이기도 한걸요.

이렇게 먼 곳에 흩어져 있는 상품들이 한곳에 모일 수 있는 것은 누군가 전달자 역할을 하는 덕분이에요. 이러한 과정을 유통이라고 해요. 상품이 생산자의 손을 떠나 소비자를 만나기까지의 과정을 뜻하는 말이지요.

소비자가 직접 상품을 구하면 되지 않느냐고요? 만약 유통 과정이 없다면 쌀을 구하러 농촌으로, 꽃게를 구하러 바다로 가야 할 거예요. 또, 연어를 먹기 위해서는 비행기를 타고 저 먼 노르웨이까지 직접 가야 할지도 모르고요.

그건 시간과 비용이 많이 들고 체력적으로도 엄청 힘든 일이에요. 그런데 유통 상인이 활동하면서 이러한 문제가 해결되었어요. 유통 상인이 각기 다른 지역에서 생산된 물건을 소비자에게 전달해 주는 역할을 했기 때문이에요.

그렇다면 유통은 어떤 경로로 이루어질까요? 가장 보편적인 유통 경로는 생산자 → 도매상 → 소매상 → 소비자로 이루어져요. 도매상은 생산자에게서 많은 양의 물건을 넘겨받는 상인이에요. 그리고 소매상은 도매상의 물건을 사서 소비자에게 판매하는 상인이에요.

생산자와 소비자 사이에 유통이 시작된 시기는 수천 년 전의 수메르, 고대 이집트와 고대 중국에서 유래한 걸로 추정되나 분명치는 않아요. 더 후대의 일로는 영국의 앵글로색슨 시대(5~11세기) 후기에 시장(market)과 정기적인 장(fair)으로 발전했다고도 해요.

유통업을 발달시킨 결정적인 계기는 18세기 중엽 영국에서 시작된 산업혁명이에요. 산업혁명으로 대량 생산이 가능해지자 유통 역시 큰 변화를 맞이하게 돼요. 제조업체는 생산을 전담하고 제품을 소비자와 연결해 주는 일은 유통업체들이 맡게 된 거예요.

그리고 19세기 초에는 미국 서해안 도시에 수입 상품을 취급하는 도매상이 나타났어요. 19세기 후반에는 대규모 소매상인 백화점이 생겨나면서 도매상이 궁지에 몰리기도 했어요.

그렇게 발전을 거듭해 온 유통은 현대에 들어 기능이 전문화되고 그 역할도 훨씬 커졌어요. 월마트나 아마존, 테스코 같은 유통업체는 유통 분야의 전 단계를 모두 취합하면서 글로벌 유통사로 성장했어요.

우리나라도 비슷한 과정을 거쳐 왔어요. 제1장에서 소개한 조선시대의 시전 상인, 5일장 상인, 보부상 등은 각지의 물품을 다른 지역 사

교통이 발달한 현대의 유통은 외국산 과일도 손쉽게 만날 수 있게 하지.

람들도 살 수 있게 하는 유통을 겸한 상인이었어요.

어찌 보면 유통은 상업의 한 방편으로 자연스럽게 생겨났다고 할 수 있어요. 이에 더해진 교통의 발달은 유통에 날개를 달아 줬지요. 살아 있는 수산물을 도시에서도 먹을 수 있게 되었으니까요.

이런 환경은 유통을 기업 형태로까지 발전시켰어요. 1990년대 이래 등장한 이마트, 홈플러스 등은 할인을 통한 대량 판매를 영업 방식으로 내세웠어요. 그러자니 직접 유통이 필요했고요. 도매상이나 중간 상인을 거치면 값이 비싸져 싸게 팔 수 없어요. 때문에 농장이나 제조 회사로부터 물품을 직접, 대량으로 구매하기 시작했어요.

요즘은 할인 매장만이 아니라 직거래도 유통의 한 모습으로 활발히 움직이고 있어요. 직거래란 유통의 중간 단계를 줄여서 생산자 또는 최소한의 유통회사가 소비자에게 직접 제품을 파는 것을 뜻해요. 전자결제가 발달하면서 인터넷을 통한 직거래도 가능하게 되었어요.

유통에는 물류업이 짝꿍으로 같이 활동해요. 물류는 원료가 생산 현장에 투입되어 완제품이 나오기까지, 또 제품이 소비자에게 공급되기까지의 운송·보관·포장 등과 관련한 전 과정을 이르는 말이에요. 전국을 무대로 하는 화물운송 회사나 택배 회사, 해외운송 회사 등 이 분야 기업들도 활발히 활동하고 있어요.

오늘, 멀고 먼 지역을 유통으로 연결시켰던 옛 상인들의 노력을 생각해 보는 건 어떨까요? 바다를 건너온 바나나를 한입 먹으면서 말이에요!

제2장

시장의 여러 얼굴

6 백화점은 왜 비쌀까?

1852년 파리의 저녁. 도시는 어느 때보다 많은 사람들로 붐볐어요.

"엠마! 천천히 좀 가!"

"얼른 따라와. 늦게 가면 못 들어갈 수 있다고!"

사람들 사이를 비집고 두 아가씨가 다급하게 발길을 재촉하고 있었어요. 엠마의 뒤꽁무니를 쫓느라 로라는 몇 번이고 넘어질 뻔했어요.

"여기야!"

얼마쯤 걷자 엠마가 멈춰 섰어요. 그리고 손가락으로 무언가를 가리키며 소리쳤어요.

"여기가 바로 봉마르셰 백화점이야!"

엠마의 손가락 끝에는 크고 화려한 건물 하나가 세워져 있었어요.

큰 간판에 '봉마르셰'라고 적혀 있었지요.

"이 안에 물건들이 진열되어 있다고?"

로라가 숨을 몰아쉬며 물었어요.

"그렇다니까! 모자, 옷, 화장품까지 없는 게 없대. 게다가 우리가 마음대로 고를 수 있다는 거야."

"정말?"

그제야 로라도 설레는 표정을 지었어요.

사실 백화점은 파리 시민들에게 매우 낯선 상점이었어요. 그전에는 모자 파는 가게, 신발 파는 가게가 따로 있었거든요. 규모도 작아서 물건이 한정되었고요. 그런데 여러 종류의 물건을 한데 모아서 파는 곳이 생기다니!

백화점 안은 넓은 로비가 한눈에 들어왔어요. 그리고 좌우, 중앙에 신발, 모자, 가방, 드레스, 손수건, 향수 등 품목별로 물건들이 진열되어 있었어요. 잘 차려입은 사람들이 우아한 몸짓으로 쇼핑을 즐기고 있었지요.

판매원들은 하나같이 친절하고 상냥하기까지 했어요. 물건 구경을 하다가 잠시 쉴 수 있는 공간도 있었고요. 마치 공주처럼 대접받는 기분이 들었어요.

"로라! 이것 좀 봐. 너무 예쁘지 않니?"

엠마가 챙이 넓은 모자를 쓰며 물었어요.

"이거 어때? 나한테 잘 어울려?"

로라가 드레스 코너에서 노란 치마를 대보며 말했어요. 어디선가 은은한 클래식 음악이 흘러나오고 있었어요.

"근데 좀 비싸네…."

"이것도…."

엠마와 로라는 가격을 보고 시무룩해졌어요. 작은 상점의 물건보다 훨씬 비쌌기 때문이에요. 마침 양손 가득 봉투를 든 신사와 귀부인이 즐겁게 웃으며 옆을 스쳐 지나갔어요.

엠마와 로라는 아무것도 사지 못한 채 백화점을 나와야 했어요.

'돈을 더 모아야겠어.'

휘황찬란한 샹들리에 아래서 둘은 이렇게 생각했답니다.

좋은 서비스도 값에 포함되어 있다!

도시에 자리 잡은 크고 으리으리한 백화점을 보면 여러분은 어떤 생각이 드나요? 백화점은 1852년 프랑스 파리에서 처음 생겨났어요. 봉마르셰라는 이름의 백화점이었어요. 이 백화점이 개장하자 사람들은 신기한 구경거리라도 발견한 듯 우르르 몰려갔어요. 백화점은 그 이전에는 볼 수 없었던 아주 새로운 방식의 상점이었기 때문이에요.

산업혁명으로 대량 생산이 가능해지고, 농업 사회에서 공업 사회로

변화하면서 당시 유럽 사람들의 소비 욕구도 나날이 높아지고 있었어요.

하지만 상점이라곤 소매점과 같은 소형 상점이 대다수였지요. 물건을 사고 싶어도 만족스럽게 소비할 수 있는 시스템이 아니었어요.

이러한 사람들의 마음을 꿰뚫은 것이 백화점이에요. 백화점은 생활에 필요한 대부분의 물품을 한 건물 내에 코너별로 진열해 놓았어요. 그래서 사람들이 편리하게 쇼핑할 수 있게 했지요. 쾌적한 환경과 전문적이면서 친절한 판매원들도 백화점에서만 볼 수 있는 특별한 모습이었어요.

백화점의 발전은 경제 성장과도 매우 깊은 연관을 갖고 있어요. 부

1931~1987년 서울 종로 2가에 있었던 화신백화점.
우리나라 사람이 세운 최초의 백화점이야.

백화점 물건이 비싼 건 편리함, 볼거리, 서비스 등이 모두 가격에 포함되기 때문이지.

유한 사람이 많아질수록 다양한 상품에 대한 소비가 증가하기 때문이에요. 우리나라도 경제 성장을 꾀하던 1970년대에 현대적인 대형 백화점이 늘어났어요.

그럼 우리나라에 처음으로 백화점이 등장한 것은 언제일까요? 1906년 일제강점기 때, 일본인이 서울 충무로에 세운 미쓰코시 백화점이 최초예요. 그런 후 1931년 서울 종로 2가에 한국인이 세운 최초의 백화점인 화신백화점이 문을 열었어요.

백화점은 층별로 상품을 진열하는 방식이 보편적이에요. 지하에는 식품센터, 1층에는 잡화, 2, 3층에는 여성 의류, 4층에는 남성 의류, 5층에는 가정생활용품, 6층에는 식당과 문화센터를 두는 식이지요.

백화점은 현대 자본주의를 대표하는 매장이에요. 하지만 제품 값이 비싸다는 것도 특징 중 하나예요. 땅값이 비싼 대도시에 위치하고, 화려한 매장과 고객을 위한 편의시설을 갖추고, 홍보를 위해 많은 광고비를 쓰고, 수많은 직원을 고용해 다채로운 서비스를 제공하는 게 백화점의 주된 모습이에요.

그런데 그 모든 것이 제품 값에 포함되어 있어요. 백화점에서 쇼핑하는 사람들은 다소 비싼 제품도 구매할 의향이 있는 경우가 많아서 판매자들도 고급품을 비싼 가격에 팔고자 하지요.

백화점은 제품을 많이 팔기 위해 갖가지 전략을 세워요. 먼저 백화점 안의 창문을 모두 없애 사람들이 쇼핑에 몰두하게 만들어요. 창밖

도시에 자리 잡은 백화점은 자본주의 경제의 상징과도 같아.

으로 해가 지는 것을 본다면 서둘러 집으로 돌아갈 사람들이 많아질 테니까요. 미국의 한 대형 백화점에서 실제로 창문을 없애자 매출이 10% 이상 증가하기도 했어요. 백화점에는 벽시계도 없어요. 고객이 시간을 잊고 쇼핑에만 몰두하게 만드는 전략이지요.

또, 에스컬레이터를 매장의 중앙에 두어 고객이 오르내릴 때 제품을 한눈에 내려다볼 수 있도록 한 것 역시 계산된 설계예요. 화장실은 최소 2층부터 두어서 고객이 화장실을 찾는 과정에서조차 진열된 제품을 보게 만들어요. 한번 들어온 고객은 어떤 일이 있어도 놓치지 않겠다는 의지가 반영된 전략이라고 할까요?

주말에 가족과 백화점에 간다면 시계와 창문이 없는지, 1층에 정말 화장실이 없는지 한번 확인해 보는 건 어때요? 백화점의 상품 배치와 구성에 어떤 목적이 있는지 생각해 보는 것도 재미있을 거예요.

핵심 요약 6

산업혁명으로 사람들의 소비 욕구가 높아지면서 백화점이 생겨났어.

백화점은 다양한 상품, 편리성, 좋은 서비스 모두가 값에 포함되어 있어.

백화점은 한 건물 안에 쇼핑과 문화, 휴식 기능을 갖춘 종합 상점이야.

사람들은 백화점이 비싼 줄 알면서도 만족감을 위해 지갑을 열지.

백화점엔 햇빛이 들어오는 창문과 벽시계가 없어.

ㄱ 대형 마트는 어떻게 해서 쌀까?

1948년 미국의 한 도시에 열세 살 난 존이 살고 있었어요. 존은 야구를 좋아하는 개구쟁이 소년이었어요.

"엄마! 배고파요!"

존은 여느 때처럼 TV 앞에 앉아 소리쳤어요. 마침 존이 응원하는 야구팀의 경기가 있었거든요. 맛있는 피자와 함께 경기를 볼 참이었는데, 엄마는 감감무소식이었어요.

"홈런이다!"

그때 4번 타자가 홈런을 쳤어요. 야구공은 긴 포물선을 그리며 관중석으로 떨어졌어요.

"달려! 달리라고!"

신이 난 존이 벌떡 일어나 폴짝폴짝 뛰며 소리쳤어요.

"존! 야구 볼 시간 없어. 얼른 옷 입고 나와."

엄마가 외출 준비를 서두르며 말했어요.

"어디 가요? 저 야구 봐야 돼요."

"오늘 마트에 가기로 했잖니. 잊었어?"

"맞다! 근데 지금은 진짜 안 돼요. 얼마나 중요한 경긴데요!"

존은 곧 울 것 같은 표정을 지었어요.

"야구방망이 안 필요해?"

엄마가 의미심장하게 웃으며 말했어요. 존은 잠시 갈등했어요. 경기냐, 야구방망이냐!

'스티브 녀석이 새 글러브 엄청 자랑했는데…. 이번 기회에 코를 납작하게 해 줘야지!'

며칠 전 스티브 때문에 기분이 상했던 존은, 큰 결심이라도 한 듯 엄마에게 말했어요.

"좋아요. 갈래요!"

"그럼 얼른 차에 타렴. 더 늦다간 못 들어갈지도 몰라."

존은 어리둥절한 표정으로 차에 탔어요. 마트는 집에서 걸어갈 수 있는 거리였거든요.

"새로 생긴 마트에 가는 거야."

엄마가 운전하며 말했어요. 얼마나 좋은 곳이길래, 엄마는 운전까지 하며 먼 마트에 가는 걸까요? 한참을 달리자 큰 건물 하나가 보였어

대형 마트는 상품을 대량으로 싸게 매입해서 싸게 파는 것을 기본으로 해.

요. 마치 공장처럼 생긴 투박스러운 건물이었어요. 마당에는 차들이 가득했어요.

"와! 차 엄청 많다."

존이 놀라 소리쳤어요.

"이러다 못 들어가겠는걸?"

엄마가 걱정스러운 표정을 지으며 말했어요. 건물 입구에선 사람들이 줄지어 나오고 있었어요. 저마다 카트에 한가득 물건을 싣고 있었지요.

"와, 사람들 좀 봐! 근데 저 사람들 돈 되게 많나 봐요. 물건을 엄청 많이 샀어요."

"물건 값이 싸서 그래. 여긴 디스카운트 하우스라는 곳인데, 다른 곳보다 30%나 싸단다."

엄마의 말에 존은 깜짝 놀랐어요. 이렇게 싸게 파는 마트가 있다니! 존은 야구방망이뿐만 아니라 글러브와 야구공까지 몽땅 사야겠다고 생각했어요.

"근데 여긴 왜 이렇게 싸요? 이러다 망하는 거 아니에요?"

"다 싼 이유가 있지."

존의 말에 엄마가 빙그레 웃었어요.

저렴한 대신 많이 팔아서 이익을 얻는 게 비결

여러분은 가족과 대형 마트에 얼마나 자주 가나요? 엄마 혼자 장을 보던 옛날과 달리, 가족이 함께 마트에 가서 장을 보는 게 요즘엔 흔한 일이 되었어요. 이는 대형 마트가 등장하면서 쇼핑 스타일에 변화가 생겼기 때문이에요.

대형 마트는 1940년대 말 미국에서 성행한 디스카운트 하우스, 즉 할인점에서 유래되었어요. 디스카운트 하우스는 제품을 생산자로부터 대량 매입하고 서비스를 비롯한 각종 경비를 줄여서 제품을 저렴하게 판매하는 시스템이었어요. 정가보다 20~30%, 심지어 40%나 싸게 팔았지요.

우리나라에도 1993년 서울 창동에 최초의 할인점인 이마트가 설립되었어요. 이후 대기업들이 잇달아 디스카운트 스토어를 만들면서 홈플러스, 롯데마트 등 다수의 대형 마트들이 생겨났지요.

사람들이 대형 마트를 즐겨 찾는 이유는 물건의 종류가 다양하고 가격이 싸기 때문이에요. 이것들은 대부분 '직매입' 방식으로 운영돼요. '직매입'이란 생산자에게서 대량으로 직접 물건을 구입하는 걸 뜻해요. 농장에서 막 재배한 농산물, 공장에서 만든 옷 등을 직접 구입

직원 인건비를 줄인 창고형 진열도 대형 마트가 상품을 싸게 팔 수 있는 비결이야.

해 판매하는 거지요.

  이렇게 하면 중간 유통 단계가 생략되어 가격을 싸게 매길 수 있어요. 대형 마트는 제품을 싸게 팔아도 대량으로 판매하기 때문에 그만큼 수익을 얻을 수 있어요. 아마 대형 마트의 진열을 유심히 본 친구라면 물건이 여러 묶음으로 되어 있는 걸 눈치챘을 거예요.

  대형 마트는 직원을 적게 두어서 고객이 사려는 상품들을 직접 카트에 담아 입구에서 한꺼번에 계산하게 하는 방식으로 운영해요. 그렇게 인건비를 줄인 것도 싸게 팔 수 있는 비결이에요.

  또, 식당, 영화관, 서점 등과 연계해 복합소비공간 형태를 취하기도

대형 마트는 식당, 서점 등과 연계한 복합소비공간 형태로도 고객을 끌어.

해요. 고객이 자연스레 옆 공간까지 방문할 가능성이 많은 영업 방식이에요.

하지만 상품 값이 싸다고 해서 대형 마트가 모두에게 좋은 건 아니에요. 대형 마트에 밀려 재래시장이나 작은 상점들은 물건이 덜 팔릴 수 있거든요. 작은 상점들은 대량 거래를 하는 곳이 아니어서 중간 상인을 통해 상품을 공급받아요. 유통 단계가 더 있으니 상품을 싸게 팔 수 없지요. 그래서 같은 음료수라도 집 앞 슈퍼마켓이 대형 마트보다 비싼 거예요.

이뿐만이 아니에요. 많은 중소기업들이 대형 마트에 자신들의 제품을 진열시키고 싶어 하지만 그 과정에 더 싼값에 제품을 넣으라는 압박을 받기도 해요. 소비자 입장에서는 싸게 사면 좋기는 하겠지만 손해를 보는 공급자가 있다면 마냥 좋은 것만은 아니겠지요.

크고 편리한 대형 마트도 좋지만, 이번 주말에는 부모님 손을 잡고 재래시장에 가 보는 건 어때요? 재래시장 특유의 흥정도 해 보고, 맛있는 꽈배기 도넛도 먹으면서 말이에요!

핵심 요약 7

1940년대 말 미국에서 생겨난 할인점이 대형 마트의 유래야.

대형 마트는 중간 유통 단계가 생략되어 물건을 싸게 팔 수 있어.

대형 마트는 생산자에게서 대량으로 상품을 사오는 직매입 방식으로 운영돼.

대형 마트는 직원 수를 줄여 창고형 진열 방식으로 운영돼.

재래시장이나 작은 상점은 대형 마트에 밀려서 피해를 입기도 해.

8 온라인 쇼핑몰도 시장이야!

"청취자 여러분 안녕하십니까! 저녁 뉴스 시작합니다."

시계가 7시를 가리키자 라디오에선 경쾌한 음악과 함께 아나운서의 목소리가 흘러나왔어요.

"첫 번째 소식입니다. 오늘 오후 2시경, 뉴욕 맨해튼에서 3중 추돌 사고가 났습니다. 부상자 1명에 사망자는 없으나 극심한 교통 정체로 많은 시민이 불편을 겪었습니다."

1977년, 미국 플로리다에 사는 수잔은 라디오 뉴스를 들으며 인형놀이를 하고 있었어요. 지루한 뉴스가 빨리 끝나기만을 기다리고 있었지요. 왜냐하면 오늘은 수잔이 좋아하는 가수의 신곡이 발표되는 날이거든요.

"수잔! 이제 그만 놀고, 네 방으로 들어가렴."

엄마가 수잔을 부드럽게 타일렀어요. 하지만 수잔은 여전히 인형 놀이에 빠져 있었어요.

"조금만 더 할게요."

수잔은 얼른 뉴스가 끝나고 음악 프로가 시작되기만을 기다렸어요. 재미도 없는 뉴스를 엄마는 왜 매일 듣는 건지 이해할 수 없었어요.

"잠시 전하는 말씀 듣고 오겠습니다!"

라디오에선 광고가 흘러나오기 시작했어요.

한편, 라디오 방송국은 광고를 내보낸 뒤 긴급회의를 소집했어요. 회의실 중앙에 앉아 있는 아나운서의 표정은 매우 좋지 않았어요.

"제가요? 왜요? 전 아나운서예요. 물건 파는 상인이 아니라고요!"

아나운서가 방송국 사장을 향해 거칠게 항의했어요.

"이봐. 사정이 이런 걸 어쩌겠나. 한번만 봐 주게."

사장은 아나운서의 손을 잡고 애원하다시피 말했어요. 아나운서는 난처한 표정으로 탁자에 놓인 물건 하나를 집어 들었어요. 그건 전기 캔 오프너, 바로 깡통따개였어요.

"이걸 저보고 팔라는 거죠?"

아나운서는 깡통따개를 들고 망연자실한 표정을 지었어요. 최근 광고 수입의 감소로 방송국은 재정 문제를 겪고 있었어요. 그래서 광고료 대신 받은 깡통따개를 청취자에게 직접 팔기로 했지요.

"그냥 뉴스 끝날 때 여기 적힌 대로 해 주면 돼. 내가 수고비는 따로 챙겨 주지."

결국 아나운서는 승낙하고 말았어요. 광고가 나오던 라디오에선 다시 뉴스가 이어졌어요. 몇 가지의 소식이 더 흐르고 아나운서가 방송을 끝낼 무렵쯤이었어요.

"끝으로 하나 더!"

잠시 정적이 흘렀어요. 그리고 나서 다시 아나운서의 목소리가 들려왔어요.

"청취자 여러분! 제가 아주 멋진 깡통따개를 갖고 있습니다. 만약 구입하고 싶으시면 지금 당장 방송국으로 전화 주십시오!"

뉴스를 듣던 수잔과 엄마는 깜짝 놀라 서로의 얼굴을 바라보았어요.

"깡통따개? 뉴스에서 깡통따개를 팔다니!"

수잔이 배를 잡고 깔깔거렸어요.

"그러게. 이거 혹시 방송사고 아니야?"

엄마가 황당하다는 표정을 지으며 말했어요.

정보통신 기술이 발달하며 생겨난 TV 홈쇼핑.

쇼핑의 개념을 바꾼 매장 없는 가게

TV 채널을 돌리다 쇼 호스트가 파는 노릇노릇한 돈가스를 보고 채널을 멈춘 적은 없나요? 아니면 평소 갖고 싶었던 스마트폰이나 운동 기구를 보고 부모님을 졸랐던 적은요?

누군가는 예쁜 옷이나 화장품 때문에, 또 누군가는 양념이 잘 밴 갈비 때문에 홈쇼핑에 집중하곤 해요. TV를 틀면 언제든지 다양한 상품을 판매하는 홈쇼핑이 방영되니까요. TV 홈쇼핑은 쇼 호스트와 모델들이 직접 제품을 써 보면서 그 느낌을 방송을 통해 전달하며 소비자의 구매 욕구를 자극해요.

홈쇼핑은 1977년 미국 플로리다 주의 한 라디오 방송국에서 처음 시작했어요. 당시 방송국은 광고 수입이 줄어들면서 재정 문제로 골머리를 앓고 있었어요. 그러던 중에 광고료 대신 받은 전기 캔 오프너를 방송을 통해 팔아 보면 어떨까 생각했지요. 그러곤 아나운서를 설득한 끝에 실행에 옮겼어요. 오프너는 한 개당 9달러 95센트에 100여 개 정도가 팔렸어요. 최초로 상점 없이 물건을 판매한 셈이지요.

이후 1982년 미국에 전문적인 홈쇼핑 회사가 등장했어요. 1985년에는 홈쇼핑 프로그램이 전국에 방영되기 시작했어요. 미국은 땅이 넓다 보니 집과 마트와의 거리가 멀어 차를 운전해 가야 하는 경우가 많아요. 이런 환경도 배달을 기본으로 하는 홈쇼핑이 정착하는 데 성공 요인이 되었을 거예요.

우리나라에서는 1995년 한국홈쇼핑과 39쇼핑이 등장하면서 첫 TV 홈쇼핑의 시대가 열렸어요. 이후 매년 놀라운 성장세를 기록하며 승승장구했지요.

케이블방송의 보급으로 TV 홈쇼핑을 쉽게 접할 수 있었기 때문이에요. 뿐만 아니라 신용카드와 인터넷 뱅킹으로 편리하게 결제할 수 있다는 점도 홈쇼핑의 발전에 큰 도움을 주었어요.

홈쇼핑은 TV뿐만이 아니라 인터넷을 통해서도 시장성을 넓혀 갔어요. 이는 인터넷의 발전과 무관하지 않아요. 초고속 인터넷 가입자 수가 엄청나게 증가하면서 인터넷 쇼핑몰 이용자 수도 그만큼 늘어났거든요. 2020년 인터넷 이용 실태 조사에 따르면 국민의 69.9%가 인터넷 쇼핑을 이용하고 있다고 응답했어요.

이처럼 정보통신이 발달하면서 쇼핑의 개념도 변화했어요. 직접 물건을 사러 매장에 가지 않아도 집에서 거의 모든 물건을 구입할 수 있고, 제품마다 가격을 비교해 효율적으로 소비할 수 있으니까요. 또, 쇼핑몰은 상점 없이 운영돼요. 때문에 그만큼 상

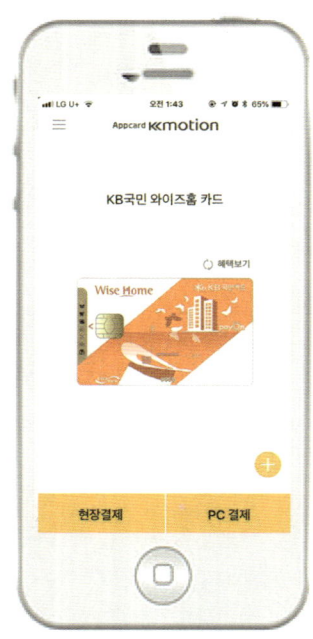

당장 손에서 현금이 나가는 게 아닌 모바일 결제는 충동구매를 부를 수 있어.

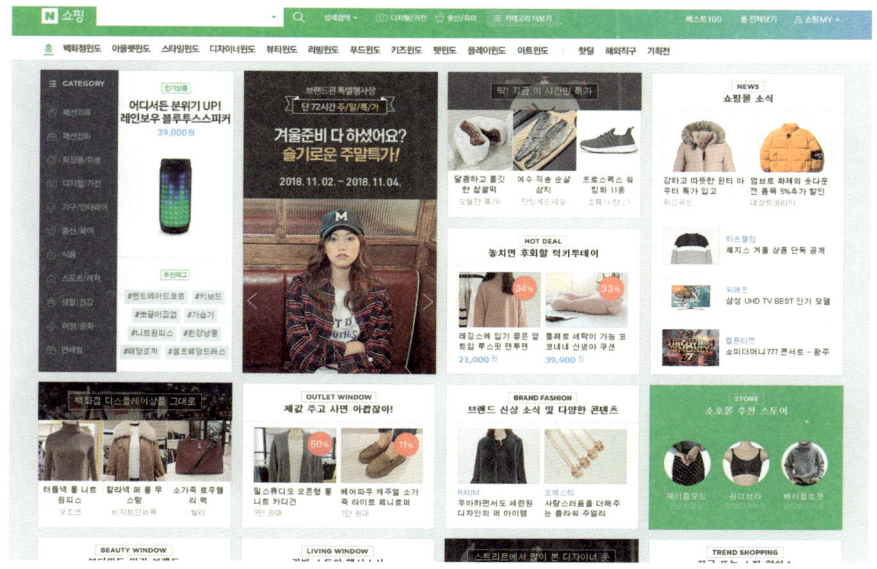

쇼핑몰 제품은 직접 만지거나 볼 수 없기 때문에 구매에 신중해야 해.

점에 드는 비용을 절약할 수 있어 제품의 가격도 저렴해지지요.

하지만 그에 따른 문제점도 찾아볼 수 있어요. 제품을 직접 만지거나 볼 수 없기 때문에 제품의 신뢰도와 만족도가 떨어질 수 있어요. 또, 배달 과정에 제품이 파손되거나 마음에 들지 않을 때 반품, 환불이 번거롭다는 단점도 있어요. 직접 볼 수 없기 때문에 과장 광고, 허위 광고에 현혹되기도 쉽고요.

혹시 지금 인터넷으로 쇼핑을 하고 있는 친구가 있나요? 그럼 믿을 만한 상점인지, 상품 평도 꼼꼼하게 읽어 보도록 해요. 그래야 현명한 소비자가 될 테니까요!

핵심 요약 8

홈쇼핑은 1977년 미국의 한 라디오 방송이 캔 오프너를 판 게 시초야.

미국은 땅이 넓어서 배달을 기본으로 하는 홈쇼핑이 정착하기 수월했어.

케이블 방송, 신용카드, 모바일 결제는 홈쇼핑을 발전시킨 요소들이야.

온라인 쇼핑몰은 매장을 두지 않으므로 제품 가격이 싸지.

홈쇼핑은 제품을 직접 볼 수 없기 때문에 만족도가 떨어질 수 있어.

9 마케팅으로 소비자를 잡아라

　1892년, 미국의 어느 사무실에서 두 남자가 진지한 표정으로 이야기를 나누고 있었어요. 한 사람은 코카콜라를 개발한 존 펨버튼 박사였고, 맞은편에 있는 남자는 애틀랜타의 사업가인 아사 캔들러였어요.

"내가 코카콜라 사업권을 사겠습니다."

아사 캔들러는 계약서를 내밀며 말했어요.

심각한 표정을 짓고 있던 존 펨버튼 박사는 오랜 고민 끝에 계약서에 사인했어요.

"좋소!"

이로써 아사 캔들러는 2,300달러(현재 가치로는 약 6억 원)를 주고 코카콜라 사업권을 따낼 수 있었어요.

코카콜라는 코카 나뭇잎과 콜라 열매로 만든 탄산음료예요. 약제사였던 존 펨버튼 박사는 코카 나뭇잎 추출물과 콜라 열매에 시럽 등을 섞어 이 음료를 개발했어요. 그리고 약국에 이 음료를 납품하기 시작했지요. 하지만 코카콜라는 잘 팔리지 않았어요.

존 펨버튼 박사는 코카콜라가 성장할 거라고는 꿈에도 생각하지 못했어요. 그래서 여러 사업가들에게 사업 지분을 나누어 팔았는데, 그 중 한 명이 아사 캔들러였어요.

아사 캔들러는 탁월한 사업가였어요. 코카콜라 사업권을 따낸 뒤 동업자와 함께 코카콜라 컴퍼니를 설립했어요.

"어떻게 하면 많은 사람들에게 코카콜라를 팔 수 있을까?"

아사 캔들러는 음료를 판매하기 위해선 우선 제품을 알리는 게 중요하다고 생각했어요.

"오늘부터 코카콜라 무료 시음 쿠폰을 발행한다!"

그의 명령이 떨어지자 수천 장의 무료 시음 쿠폰이 발행되었어요. 사람들은 그 쿠폰으로 코카콜라를 무료로 맛볼 수 있었지요.

"시계, 달력 그리고 각종 기념품에 코카콜라 로고를 새기도록 한다!"

캔들러의 추측은 정확했어요. 사람들은 시계를 볼 때마다, 달력을 넘길 때마다 코카콜라 로고를 자연스럽게 보게 되었어요. 이런 홍보 때문인지 코카콜라의 수요는 점점 증가했어요. 그 덕에 약국만이 아니라 일반 상점에서도 코카콜라를 주문해서 팔기 시작했답니다.

이에 더해 캔들러는 코카콜라 상표권을 미국 특허청에 등록했어요. 코카콜라라는 이름을 보호하기로 한 거지요. 이런 노력 덕분에 코카콜라는 대중화될 수 있었어요.

우리나라에도 비슷한 예가 있어요. 1960년대 초, 라면이 처음 나왔을 때 알리기가 쉽지 않았대요. TV가 귀하던 때라 홍보가 어려웠기 때문이에요. 심지어 옷감 이름으로 오해하기까지 했다니 지금 생각하면 우습지요.

코카콜라 글씨체와 인체를 닮은 병 모양은 마케팅 분야의 100년 히트작으로 꼽혀.

"새로운 국수가 나왔으니 맛보고 가시오."

그래서 라면 회사 직원들이 길거리에서 연탄불에 라면을 끓여 사람들에게 먹어 보게 했다고 해요. 그렇게 라면을 사람들에게 알렸다는 얘기가 있어요.

위 두 가지 사례는 모두 마케팅과 관련한 이야기예요.

코카콜라 병은
100년 넘게 이어 온 마케팅의 걸작

치킨, 피자를 먹을 때 빼놓을 수 없는 콜라! 코카콜라는 어디서나 손쉽게 볼 수 있지만 이러한 유명세가 하루아침에 이루어진 건 아니에요. 특히 이 회사의, 허리가 잘록한 병 디자인은 마케팅의 전설로 꼽혀요. 인체의 선을 닮은 코카콜라 병은 약간씩 바뀌기는 했지만 처음 나온 1915년 이래 기본 모양을 여전히 유지하고 있어요. 그 결과 콜라의 상징처럼 인식되고 있지요.

마케팅이란 넓게 보면 상품과 서비스를 고객에게 팔기까지 펼치는 모든 활동을 말해요. 기업의 목적은 물건을 많이 판매해 이익을 얻는 것이에요. 때문에 무엇보다 소비자를 만족시키는 게 우선이에요.

가방 회사가 소비자를 위해 질 좋은 가방을 만들거나, 학원 강사가 수업을 듣는 학생들이 만족할 수 있도록 최선을 다하는 것처럼 말이에요. 때문에 마케팅 담당자들은 소비자가 불만족하지 않고 즐겁게 제품을 구매할 수 있도록 다양한 방법을 모색해요.

마케팅은 시장이란 뜻의 'market'에 ~ing를 붙여 만든 단어예요. 그리고 현재와 같은 의미로 쓰이기 시작한 건 19세기 후반에서 20세기 초반 미국에서부터인 것으로 알려져 있어요. 경쟁 회사 제품보다 자기 회사 제품을 소비자들이 더 많이 선택할 수 있도록 그에 필요한 모든 활동을 전략적으로 세우는 것. 이게 바로 마케팅이에요.

브랜드의 위력! 지프(Jeep)는 1940년대 미국 자동차사의 상표였으나 지금은 4륜구동차를 의미하는 일반 명사가 되었어. ⓒFotolia

마케팅이 성공하기 위해선 철저한 조사와 분석이 필요해요. 시장 조사를 통해 사람들의 관심을 파악하고 그 결과를 토대로 상품화 계획을 세우지요. 그리고 제품이 만들어지면 광고를 통해 적극적으로 홍보하고 판매 전략을 세워 소비자에게 가까이 다가갈 수 있도록 노력하지요.

경제가 발전하고 시장이 거대해지면서 마케팅의 종류도 다양해지고 있어요. 그중 대표적인 것이 브랜드 마케팅이에요.

브랜드란 기업이 생산한 제품에 붙이는 이름이나 이미지, 기호 등을 말해요. 영국의 버버리가 긴 코트를 의미하는 고유명사처럼 쓰이고 안경 낀 할아버지 이미지가 햄버거를 떠올리게 하는 것처럼 말이에요. 제품을 알리는 데 브랜드는 큰 역할을 해요. 때문에 기업에서는 브랜드 홍보에 집중하고 있어요. 음식점, 커피전문점, 미용실 등 그 품목도 다양해지고 있지요.

고객 맞춤형 마케팅도 큰 인기를 끌고 있어요. 이는 소비자의 취향이나 요구를 파악해 대응하는 방식이에요. 유기농 농산물을 원하는 고객을 위해 농민이 일대일 주문 계약을 맺는 것. 여행사에서 고객의

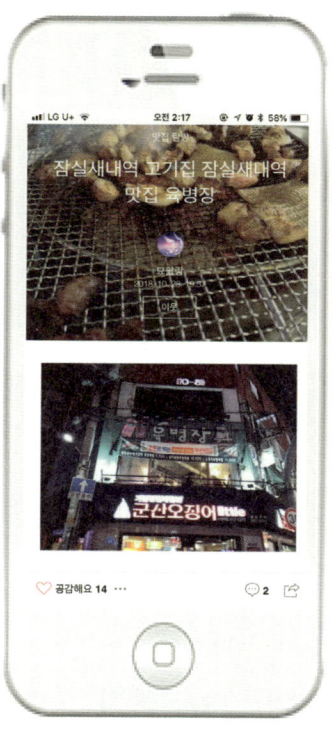

온라인을 활용해 시간과 지역의 제한을 넘어설 수 있는 디지털 마케팅.

취미나 경비, 취향 등을 고려해 알맞은 여행지를 안내하는 것 등이 바로 고객 맞춤형 마케팅이에요.

또, 인터넷을 활용하는 디지털 마케팅도 많이 쓰이고 있어요. 기존의 마케팅이 시간과 지역에 제한이 있다면 디지털 마케팅은 이런 벽을 오히려 넘나들어요. 그중 하나가 바이럴 마케팅이에요. 블로그를 통해 상품을 홍보해 사람들 사이에 화제를 불러일으키는 방식이 대표적이지요. 그래서 입소문 마케팅이라고도 불러요.

하지만 마케팅이 반드시 좋은 면만 있는 건 아니에요. 마케팅을 전개하는 과정에 유명한 배우나 아이돌 가수를 모델로 내세워 과다한 광고를 펼치는 건 문제가 될 수 있어요. 그 비용이 제품이나 서비스의 가격에 포함되니까요. 결국 소비자가 그 부담을 떠안을 수밖에 없거든요.

유명 모델이 나온다고 그 제품의 가치가 더 올라가는 걸까요? 앞으로는 모델을 보고 제품을 구입하기보다는 정말 나에게 꼭 필요한 제품인지, 제품에 대한 다른 사람들의 평판은 어떤지 알아보고 소비하도록 해요. 마케팅에 무조건 현혹되지 말자고요!

기업끼리도 거래를 한다고? 10

"와!"

첨단 IT 박람회장에 온 준이와 혜리는 놀란 입을 다물지 못했어요. 입구에 들어서자 크기도 모양도 다른 로봇들이 인사를 하고 있었어요. 마치 미래 세계로 온 듯한 느낌이었어요.

"준이야! 이것 좀 봐!"

그때 혜리가 대형 TV를 가리켰어요.

"휘어지는 TV래. 만져 봐도 된다는데."

안내판에 적힌 내용을 보며 혜리가 말했어요.

"이게 휘어진다고? 에이, 설마!"

준이가 믿을 수 없다는 표정으로 TV를 당겨 보았어요. 그러자 정말 종이처럼 휘어졌어요.

"와! 정말 휘어져!"

"신기하다!"

준이와 혜리는 마술이라도 본 듯 황홀한 표정을 지었어요.

"저건 뭐지?"

이번엔 준이가 맞은편으로 다가갔어요. 거기엔 하얀 자동차 한 대가 전시되어 있었어요.

"이 자동차엔 또 무슨 비밀이 숨겨져 있을까?"

차 옆에 세워진 모니터에서는 전시된 차가 시험 주행을 하는 영상이 흘러나왔어요. 그런데 달리는 차에는 운전자가 없었어요. 복잡한 시내에서 핸들이 저절로 움직여 달리고, 교통 상황에 따라 속도를 조절하고 신호에 맞춰서 방향을 틀고 하는 거예요.

"차가 혼자 움직이다니!"

준이가 영상을 보며 소리쳤어요.

"나 이거 TV에서 본 적 있어. 스스로 알아서 움직이는 무인자동차!"

혜리의 말에 옆에서 지켜보던 내레이터가 고개를 끄덕였어요.

"잘 알고 있구나. 맞아. 이건 무인자동차야. 미래에는 자동차가 스마트폰처럼 거의 전자제품화될 거란다. 기존의 자동차 기술에 IT 기술이 입혀지는 거지."

"우리 아빠가 그러는데 자동차에는 부품이 2만 개나 들어간대요. 미래 자동차에는 더 많은 부품이 들어갈 텐데, 자동차 회사에서 다 만들려면 힘들겠죠?"

혜리가 걱정스런 표정으로 물었어요.

"그렇진 않아. 자동차 회사는 설계와 디자인, 조립을 담당하고, 부품은 그것들만 전문으로 만드는 회사들을 통해 공급받거든. 회사들끼리도 서로 필요한 것들을 사고파는 거지."

내레이터가 방긋 웃으며 말했어요.

"근데 왜 직접 안 만들고 다른 회사에서 사 올까?"

준이가 창피한지 혜리의 귀에 대고 속삭였어요.

"글쎄."

자동차사는 주로 설계와 디자인을 맡고 부품은 협력업체가 만들어서 납품해. ⓒFotolia

혜리도 고개만 갸웃거릴 뿐이었어요.

일반 소비자는 못 느끼지만 사실은 어마어마한 시장

와! 자동차 한 대에 크고 작은 부품이 2만여 개나 들어간다니! 정말 놀랍지 않나요? 그런데 좀 이상해요. 왜 자동차 회사에서 부품을 만들지 않고 다른 회사에서 사 오는 걸까요?

자동차뿐만 아니라 TV나 스마트폰과 같은 제품도 완성품이 나오는 방식은 비슷해요. 부품마다 전문성이 필요해서 한 회사에서 다 만들기 어렵기 때문이에요. 그래서 핸들, 타이어, 액정화면 등 그것만을 전문으로 만드는 회사와 따로 계약해 공급받아요.

이런 회사를 중간재 생산회사라고 해요. 납품회사, 협력업체라고 부르기도 하고요. 이들 아래에는 더 작고 세분화된 2차 납품회사도 있어요. 가령 자동차 회사에 타이어를 납품하는 회사라면 타이어의 재료가 되는 합성고무나 철심 등을 그것만 전문으로 생산하는 회사에서 공급받는 거지요.

이렇게 기업과 기업끼리 거래하는 것을 기업 간 거래(Business to Business, 줄여서 B2B)라고 불러요. 기업과 기업이 부품이나 원료처럼 생산에 필요한 것들을 거래하면 그것을 확인하는 전자영수증을

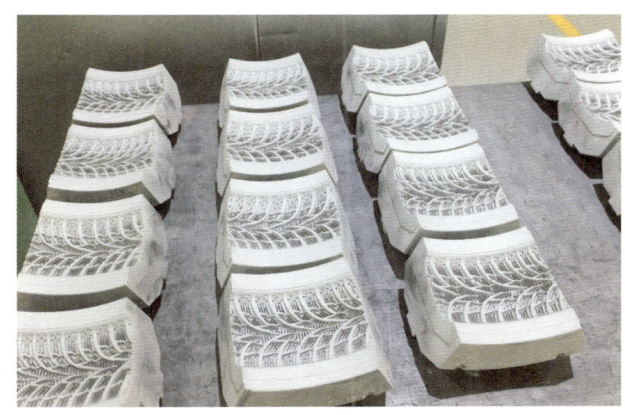

타이어 제조용 주형과 무선통신 장비용 반도체. 모두 부품업체가 만든 것들이야.

남겨요. 이런 이유로 '기업 간 전자상거래'라는 말도 써요.

B2B는 원재료 거래뿐만 아니라 유통, 서비스 등 기업이 판매하는 모든 제품과 서비스의 거래를 뜻하는 포괄적인 의미로 통용되고 있어요.

그럼 B2B 기업엔 어떤 것이 있을까요? 기업이 제품을 생산하자면 부품이 필요하므로 사실은 거의 모든 기업이 B2B를 해요.

삼성전자는 애플과 IBM에 반도체를 팔고, LG디스플레이는 아이폰에 액정화면을 공급하고 있지요. 또, 컴퓨터용 마이크로프로세서와

TV도 여러 협력업체의 부품이 모여서 조립돼.

반도체칩을 생산하는 인텔은 세계의 수많은 IT기업에 부품을 공급해요.

물론 삼성전자나 LG디스플레이, 인텔은 그런 판매용 부품을 생산하기 위해 또 다른 기업으로부터 재료를 구입할 거고요. 이런 유명 기업 간의 거래뿐만 아니라 식품이나 옷, 가구 등을 만드는 회사가 대형 마트에 자사 제품을 납품하는 것도 B2B의 예라고 볼 수 있어요.

전체 규모도 엄청나서 우리나라의 경우 모든 전자상거래 총액에서 B2B 거래가 차지하는 비율이 90%가 넘는답니다.

B2B에서는 거래 업체를 선정하는 것도 매우 중요해요. 기술력과 가격, 실적 등을 조건으로 놓고 공개경쟁을 통해 정하는 방식(입찰이라

고 해요), 특정 업체와 협의해 정하는 방식(수의계약이라고 해요)이 주로 쓰여요.

B2B는 공정하게 이루어져야 해요. 하지만 상대적으로 우월한 위치에 있는 기업이 작은 회사의 부품 공급가격을 깎는 등 거래상 불이익을 주는 일도 더러 생겨요. 또, 작은 회사가 개발한 기술을 대기업이 몰래 베껴 유사한 제품을 만든 뒤 작은 회사를 시장에서 몰아내는 불공정한 행위도 일어나지요.

공정한 거래를 하지 않는 기업은 법으로 처벌받기도 하지만 소비자도 처벌을 할 수 있어요. 그 기업의 제품을 구입하지 않으면 되는 거지요. 그러기 위해서는 평소 기업들의 사회적 활동에 관심을 기울일 필요가 있어요.

시장경제의 꽃, 서비스 산업 11

　유미는 재빨리 책상에 앉아 인터넷에 접속했어요. 그리고 메일함을 열어 보았어요. 두근두근 심장이 마구 뛰었어요. 하지만 기대와 달리 메일함은 스팸 메일로 가득 차 있었어요.

"이번에도 안 온 건가."

　메일을 하나하나 훑어보며 유미는 중얼거렸어요.

"왔다!"

　그때 유미가 벌떡 일어나 소리쳤어요. 광고 메일들 사이에 "유미에게"라고 적힌 제목이 눈에 들어왔기 때문이에요.

"어떡해! 진짜 왔어!"

　유미는 너무 기뻐 폴짝폴짝 뛰었어요. 그리고 얼른 자리에 앉아 떨리는 손으로 메일을 클릭했어요. 메일은 다름 아닌 아이돌 그룹 케이식스에게서 온 것이었어요. 유미가 무척 좋아하는 그룹이었지요.

아이돌 가수가 꿈인 유미가 케이식스에게 메일을 보낸 건 보름 전이었어요. 아이돌 가수는 어떻게 될 수 있는지, 평소 생활은 어떤지 궁금했거든요. 그런데 진짜 답장을 받게 되다니! 아무리 생각해도 꿈만 같았어요.

유미는 천천히 메일을 읽어 내려갔어요.

유미에게.

유미야, 안녕? 난 케이식스 리더 하준이야. 우리 케이식스를 좋아해 줘서 너무 고마워. 네 메일을 받고 어떤 얘길 해 줘야 할까 많이 고민했어. 우리처럼 아이돌이 되고 싶은 청소년들이 많으니까 말이야.

우린 지금 미국으로 가는 비행기 안에 있어. 내일 뉴욕에서 공연이 있거든. 공연을 마치면 바로 멕시코로 떠나야 해. 그 이후엔 한 달간 아시아 투어가 있을 예정이야. 해외 일정이 많다 보니 우리의 마음가짐도 이전과 많이 달라졌어. 우리의 해외 팬들이 한국에도 많은 관심을 갖고 있거든. 그래서 우리나라로 여행을 오는 팬들도 늘어나고 있단다.

사실 빡빡한 일정으로 인해 몸도 마음도 피곤한 것이 사실이야. 하지만 우리로 인해 한국이 알려질 수 있다면 이 정도는 참을 수 있어. 음악을 통해 나라 경제에도 큰 도움이 되고 있으니까.

K팝 페스티벌 무대에 오른 외국 참가자들. 한류도 서비스 산업 중 하나야.

내가 가수가 되길 정말 잘했다고 생각하는 순간이 언제인지 아니? 많은 사람들이 우리 노래를 들으며 즐거워할 때야. 네가 보기엔 그저 TV에 나와 웃고 노래하는 쉬운 직업으로 보일지 모르겠지만 이것도 엄연히 서비스업이거든.

노래가 마트에서 사는 과자처럼 눈에 보이지는 않지. 하지만 우리 노래를 듣는 사람들이 만족감을 느낀다면 그것만으로도 참 행복해. 그래서 무대에 설 때마다 항상 감사하는 마음으로, 열심히 노래하고 있어.

유미도 아이돌의 화려한 겉모습에 빠져 가수가 되려는 건 아니겠지? 지금부터라도 아이돌 가수가 우리 사회에서 어떤 역할을 하는지 곰곰이 생각해 보길 바라.

내 편지가 유미에게 도움이 되었으면 좋겠구나. 지금의 꿈 잊지 말고, 항상 노력하는 유미가 되길! 그럼 우리 케이식스 앞으로도 많이 사랑해 주렴. 안녕!

생활을 편리하고 즐겁게 해 주는 서비스 시장

몇 해 전 싸이의 노래 〈강남 스타일〉이 큰 인기를 끌었어요. 그 노래 한 곡으로 '강남'은 외국인들의 유명 관광 명소가 되었지요. 또, 최근에는 방탄소년단이 여러 나라를 돌며 자신들의 음악을 널리 알리고 있어요. 덕분에 좋아하는 한국 가수를 보기 위해 비행기를 타고 우리나라를 찾는 외국인들이 점점 늘고 있어요.

이러한 한류 바람은 우리 경제에도 매우 좋은 영향을 끼쳐요. 대한민국을 여러 나라에 홍보할 수 있고, 외국인들이 더 많이 오면서 관광 수입도 올릴 수 있기 때문이에요. 물건을 팔아서 돈을 버는 것처럼, 문화를 판매해 소비자에게 만족감을 주고 이익을 얻는 거지요.

팬들은 좋아서 듣는 음악이지만 대중예술도 엄연히 산업에 속해요. 3차 산업이라는 이름으로 분류되지요. 음악이 왜 산업이냐고요? 아래 내용을 보면 이해할 수 있어요.

산업은 인간이 살아가는 데 필요한 모든 경제 활동을 의미해요. 무엇을 만들고 어떤 활동을 하느냐에 따라 1차 산업, 2차 산업, 3차 산업으로 분류되지요.

1차 산업은 농업, 임업, 축산업처럼 자연을 이용해 생산물을 얻는 산업이에요. 1차 산업에서 얻은 생산물을 가공해서 물건이나 에너지 등을 생산하는 산업이 2차 산업이에요. 광업, 제조업, 가스, 수도업 등 주로 제조업들이 해당돼요.

3차 산업은 1, 2차 산업에서 생산된 제품을 활용해 소비자에게 편리함을 제공하는 산업이에요. 교통, 통신, 금융, 유통, 관광 등 제조업을 제외한 거의 모든 분야가 3차 산업에 속한다고 볼 수 있어요. 즉, 물건이 아니라 서비스를 제공하는 것을 3차 산업이라고 해요.

이렇게 보면 3차 산업 분야는 매우 광범위해요. 생활의 필수 수단이

교통, 통신, 금융 등 자본주의가 발달한 나라일수록 서비스 산업의 비중이 크지. ⓒFotolia

시장경제의 꽃, 서비스 산업 · 95

된 통신과 교통 기능은 물론 학교에서 학생을 가르치는 일, 의사가 환자를 치료하는 일, 시장에서 물건을 파는 일, 연예인이 프로그램에 출연하는 일 등이 모두 3차 산업이에요.

3차 산업이 처음부터 있었던 건 아니에요. 과거에는 대부분이 없던 분야였거든요. 18세기에 산업혁명이 발생한 이래 전기를 이용한 대량 생산 체계가 본격화되면서 2차 산업이 등장했어요.

이어 인간에게 서비스를 제공하는 3차 산업의 시대가 열리게 되었지요. 물론 더 옛날에도 수공업 형태의 제조업, 점포나 숙박업 등은 있었어요. 하지만 1~3차 산업으로 분류할 만큼의 규모는 아니었어요.

3차 산업은 자본주의의 발전과 함께 증가했어요. 경제가 현대화하고 소득 수준이 높은 나라일수록 서비스업의 비중이 더 높아지기 때

강의, 의사의 진료, 방송 출연 등도 서비스 산업. 3차 산업도 같은 뜻이야.

문이에요. 우리나라는 국민소득의 총 집계에서도 서비스업을 중요하게 생각해요. 그래서 통신업, 도·소매업, 음식, 숙박업, 금융, 보험, 개인서비스업 등을 이에 포함시키고 있어요.

이처럼 3차 산업은 현대사회에서 없어서는 안 될 중요한 산업이에요. 최근에는 인공지능이나 빅데이터, 사물인터넷 등 4차 산업혁명에 대한 관심으로 지식서비스 산업도 주목받고 있어요. 이에 대해서는 다음에 나올 4차 산업혁명 때 알아보기로 해요.

좋아하는 가수의 노래를 들을 때마다 그들이 서비스 산업에 크게 기여하고 있구나, 생각해 보는 건 어때요? 그럼 노래가 또 다르게 들릴지 모르니까요!

핵심 요약 11

음악, 영화와 같은 문화 상품은 서비스 산업에 속해.

와우! 여기가 오빠들의 나라~ 한국이야.

한류 스타는 우리나라의 이미지 제고와 관광에도 기여하고 있어.

산업은 1차, 2차, 3차 산업으로 분류되는데, 3차는 서비스 산업이라고도 불러.

자연 생산품은 1차 산업

공산품은 2차 산업

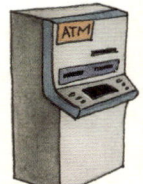
생활 편의 서비스는 3차 산업

의사, 교사, 예술인 등은 서비스를 제공하는 3차 산업 종사자.

3차 산업은 광범위해서 교통, 통신, 금융, 유통, 의료, 교육 등이 이에 속해.

3차 산업은 자본주의의 발전과 함께 증가했어.

경제가 현대화할수록 서비스업의 비중이 커지기 때문이야.

제4차 산업혁명! 또 다른 시장이 열릴 거야 12

아침이 되자 자동으로 불이 켜지고 커튼이 열렸어요. 아빠가 졸린 눈을 비비며 출근 준비를 하는 시간이에요. 양치질을 하는 아빠에게 비서 로봇이 오늘 하루 스케줄을 보고했어요.

"2035년 9월 5일 스케줄을 말씀드립니다. 아침 10시에 회의, 오후 2시에 협력업체와 미팅이 있습니다."

옷장을 열자 이미 날씨를 파악한 가사 로봇이 아빠가 입을 옷을 골라 놓았어요.

그사이 엄마도 일할 준비를 하고 있어요. 엄마는 의사지만 병원에 가지 않고 집에서 환자들을 진료해요. 컴퓨터가 원격으로 환자를 연결해 주거든요. 원격진료 덕분에 병원에 오기 힘든 할머니, 할아버지

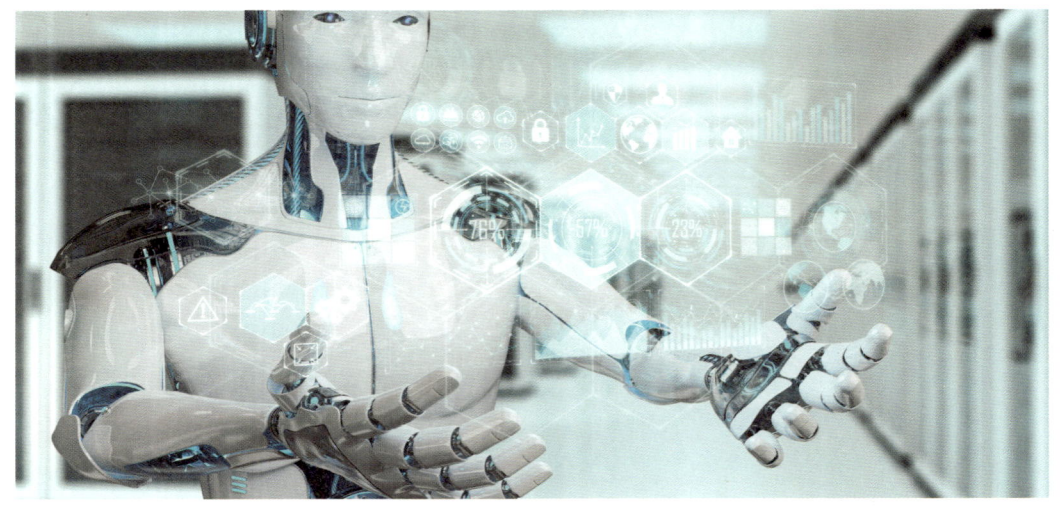
제4차 산업혁명 시대엔 로봇이 영화에서처럼 훨씬 인간 가까이에서 활동하게 될 걸로 예상돼. ⓒFotolia

들은 편리하게 건강관리를 할 수 있어요.

"준비 다 했니?"

아빠가 큰 소리로 날 불렀어요. 혹시라도 나만 두고 가 버릴까 봐 후다닥 방에서 뛰어나왔지요.

"그렇게 좋아?"

"네! 얼마나 가 보고 싶었는데요!"

아빠가 나를 보며 빙긋 웃었어요.

오늘은 아빠 회사를 구경 가기로 한 날이에요. 왜냐하면 너무너무 보고 싶은 게 있었거든요. 바로 아빠의 회사 동료! 로봇 말이에요.

"우와! 진짜 있다!"

아빠를 따라 회사에 들어서자 로봇 경비원이 인사를 건넸어요. 나도 얼떨결에 인사를 했어요.

"자. 아빠 직장 동료들이야. 인사하렴."

아빠가 회사분들에게 나를 소개시켰어요. 스무 명 넘는 직원들이 나에게 손을 흔들었어요. 그중 절반이 로봇이라고 해요.

"안녕하세요."

나는 개미만 한 목소리로 대답했어요. 아빠 회사에 로봇 직원이 들어왔다는 얘길 들었을 때 얼마나 궁금했는지 몰라요. 이미 로봇이 많이 쓰이고 있었지만, 그래도 로봇 직원은 좀 생소했거든요.

사람들 틈에 섞여 로봇 직원이 일하는 모습을 보니 무척 신기했어요. 컴퓨터로 문서를 작성하는 로봇, 복사하는 로봇, 회의하는 로봇까지. 진짜 사람처럼 열심히 일하고 있었거든요. 나중엔 학교 선생님도 로봇으로 교체되는 건 아닐까. 나는 속으로 그런 생각을 했어요.

"아주 똑똑한 친구들이라서 일도 참 잘한단다."

아빠가 빙긋 웃으며 말했어요.

"겉모습만 다를 뿐 진짜 사람 같아요!"

"그렇지? 하지만 아직 사람처럼 다양한 감정을 갖고 있진 않아. 같이 점심도 먹고, 퇴근 후 술 한 잔도 하면서 이런저런 이야기를 나눌 수 있으면 좋을 텐데 말이야."

아빠가 씁쓸하게 웃었어요.

'나중엔 나에게도 로봇 친구가 생기는 건 아닐까?'

나는 속으로 이렇게 생각했답니다.

인공지능이 드디어 생활 속으로 들어오게 돼

로봇 친구가 정말 생길지는 모르지만 영화 같은 이런 얘기가 사실이 될 거냐고요? 그럼요! 얼마 안 가 우리가 맞이하게 될 제4차 산업혁명의 모습인걸요.

제4차 산업혁명이란 인공지능, 생명과학, 로봇 기술이 주도하는 산업의 변혁을 의미해요. 3차 산업혁명은 컴퓨터와 인터넷에 의한 정보화와 자동화 생산이 주된 모습이었어요. 그랬다면 4차 산업혁명은 인

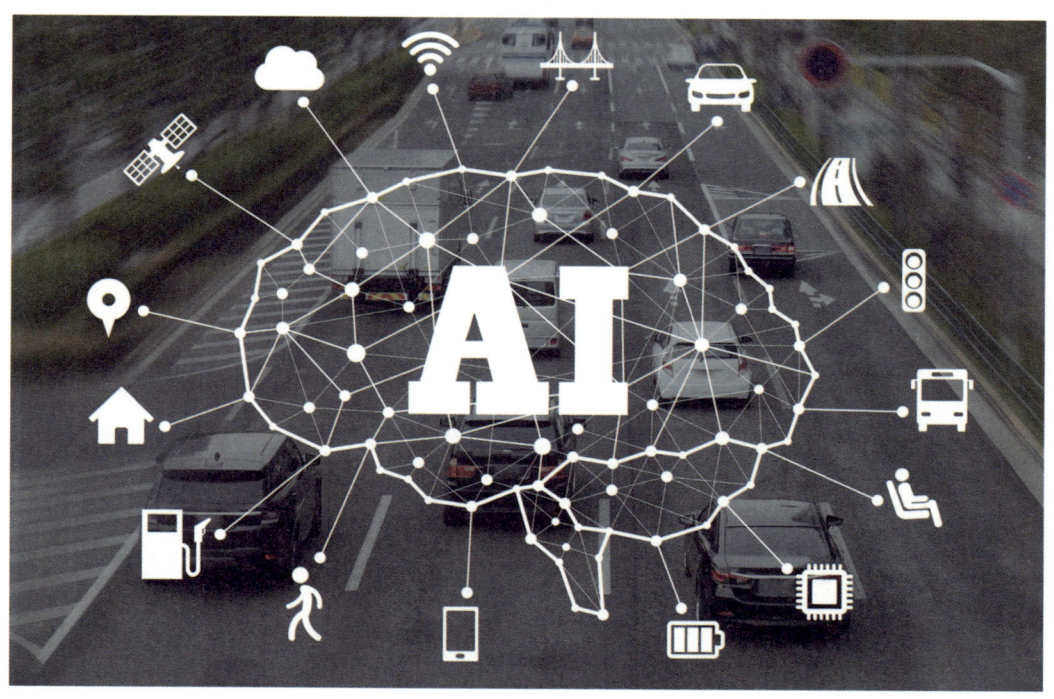

스스로 생각하고 판단하는 컴퓨터인 인공지능은 제4차 산업혁명 시대의 중심이 될 거야. ⓒFotolia

공지능이나 로봇 기능이 탑재된 기기들이 스스로 판단하고 일하며 인간의 생활에 기여하는 시대의 개막을 의미해요.

그동안은 컴퓨터가 발전했다 해도 사람의 통제를 받았어요. 하지만 제4차 산업혁명 시대에는 각 기기가 상황을 판단해 필요한 작업을 하게 될 거예요.

이는 3차 산업혁명의 정보통신 기술이 더 극대화된 모습이라고 할 수도 있어요.

제4차 산업혁명의 가장 큰 특징은 여러 가지 기술이 만나 효과를 극대화하는 것이에요. 이를 '융합'이라고 해요.

사람의 지능을 닮은 인공지능, 서로 다른 두 가지 이상의 기기를 연결하는 사물인터넷(IoT), 방대한 데이터를 분석해 최상의 답을 찾는 빅데이터 기술은 그중에서도 대표 선수들이에요. 이들이 만나 기존의 산업과 네트워크로 연결되어 사람 대신 생산을 담당한다고 생각해 보세요.

특히 제4차 산업혁명의 핵심인 인공지능은 컴퓨터 분야와 관계가 깊어요. 컴퓨터가 스스로 판단하고 이해하고 행동하는 단계까지 나아가면 우리 생활에도 큰 영향을 끼칠 거예요. 어떤 변화들이 있을지 한번 알아볼까요?

언어처리 분야에서는 이미 자동번역 시스템이 사용되고 있어요. 누구나 외국어를 쉽게 이해할 수 있게 되었지요. 기술이 좀 더 발전하면 사람이 직접 컴퓨터와 대화하며 정보를 교류할 수 있는 시대가 오게 될지도 몰라요.

　전문가 시스템 분야에서는 의사의 진단이나 손해배상 판정 등을 컴퓨터가 대신할 수 있어요. 또, 산업 현장에서는 인공지능이 탑재된 로봇이 더 많은 물건을 더 빨리 만들어 낼 거예요. 그럼 제품 값이 내려가 소비자도 큰 혜택을 볼 수 있어요.

　제4차 산업혁명 시대라 해서 모두 좋은 것만은 아니에요. 사람이 할 일을 컴퓨터와 로봇이 대신해서 일자리가 줄어들 수 있거든요. 어떤 학자는 인공지능을 이용하는 다른 산업이 커져서 전체적인 일자리 수에 문제가 생기지는 않을 거라고 말하기도 해요. 또, 어떤 학자는 인간보다 더 뛰어난 지능을 가진 인공지능이 만들어질 것으로 보

제4차 산업혁명 시대엔 기술이 융합된 제품이 많아질 거야.
인공지능, 빅데이터 등이 융합된 스마트폰은 그 힌트지.

기도 해요.

하지만 인공지능도 사람이 만드는 거예요. 관련 공부를 열심히 해서 각 분야의 인재가 될 꿈을 꿔 보는 것도 멋지지 않을까요? 미리 준비하고 공부한다면 핵심 인재가 될 수 있을 거예요.

새로운 산업의 출현도 생각해 볼 수 있어요. 인공지능·빅데이터·로봇·무인자동차 분야 종사자, 스마트의류 개발자, 원격 의료정보 분석사 등 전문 인력이 늘어나고 관련 제품을 파는 시장도 확대될 거예요.

제4차 산업혁명 시대에는 창조적인 사람이 환영받을 거예요. 갈수록 경제와 생활의 변화 속도가 빨라질 것인데, 속도는 장점도 되지만 좋은 아이디어가 아닌 것은 빨리 잊게 하는 면도 갖고 있어요. 그래서 창조적인 생각이 중요하다는 거지요.

이 책을 읽는 독자 중에서 제4차 산업혁명 시대를 주도하는 인재가 나오기를 기대할게요. 십수 년 후, 제4차 산업혁명 시대의 훌륭한 인재로 성장한 찬란한 미래를 꿈꿔 보자고요!

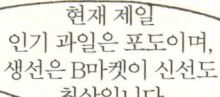

핵심 요약 12

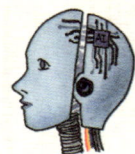

  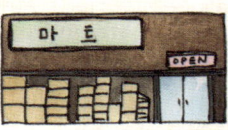

제4차 산업혁명은 인공지능, 생명과학, 로봇 기술이 주도하는 시대를 뜻해.

"현재 제일 인기 과일은 포도이며, 생선은 B마켓이 신선도 최상입니다."

제4차 산업혁명의 큰 특징은 첨단기술을 융합해 효과를 극대화한다는 거야.

"어떤 새로운 기술이 나올까?" "그럼 미래 기술에 더 관심을 가져야겠네."

제4차 산업혁명 시대엔 첨단기기가 일을 맡고 사람은 문화나 휴식을 더 누리게 될 거야.

그렇지만 첨단기기를 개발하는 건 사람이기에 또 다른 일자리도 기대돼.

"로봇 씨! 전국 판매 동향 좀 부탁해요."

"1분만 기다려요. 통계까지 마쳐서 뽑아드릴게요."

미래에는 인공지능 로봇이 사람과 함께 일하게 될지도 몰라.

제3장
시장경제를 지키려면

13. 빵 하나에 1,000억 마르크?

1923년 겨울, 독일 베를린은 어느 때보다 추웠어요. 차가운 겨울바람이 도시를 훑고 지나갔어요. 바람에 창문이 덜그럭거리자 뮐러는 그제야 잠에서 깼어요. 입에선 하얀 입김이 몽글몽글 흘러나왔어요. 난로는 이미 꺼져 있었어요.

일감을 구하기 위해 엄마와 형은 일찌감치 집을 나선 모양이에요. 어린 뮐러는 오늘도 추운 다락방에서 엄마와 형이 돌아오기만을 기다려야 해요.

"아, 배고파."

먹은 거라곤 어제저녁의 마른 빵 두 조각뿐이었어요. 그것도 엄마가 자기 것 하나를 떼어 준 거였어요. 하루 종일 굶었을 엄마와 형을

돈이 흔하다면 가치가 휴지에 불과할 거야. 이런 상태를 초인플레이션이라고 해.

생각하니 뮐러의 마음이 좋지 않았어요.

"그거야! 왜 그 생각을 못 했지?"

그때 뮐러의 머릿속을 스치는 생각이 있었어요. 예전부터 군것질을 하려고 모아 둔 돈이 있었던 거예요. 뮐러는 옷장 깊숙이 숨겨 둔 찌그러진 깡통 하나를 꺼냈어요. 그 안에는 동전 하나가 들어 있었어요.

"헤헤! 이거면 빵 하나는 살 수 있을 거야!"

단돈 1마르크였지만 뮐러의 마음은 금 한 덩이를 발견한 것처럼 기뻤답니다. 뮐러는 재빨리 제과점으로 향했어요. 동네에서 제일 큰 제과점에 도착한 뮐러는 바게트 빵 하나를 고른 뒤, 계산대 앞으로 갔어요.

"아저씨! 여기요!"

"지금 이 돈으로 빵을 사겠다는 게냐?"

주인아저씨가 험악한 표정으로 물었어요.

"빵 값이 모자라나요? 나머지는 내일 가져다드릴게요!"

뮐러가 애원하다시피 말했어요.

"얘야. 네가 어려서 뭘 모르는 모양인데, 지금 나라 경제가 좋지 못해 물가가 엄청 올랐단다. 이 돈으로는 개똥도 못 살 게다."

"그럼 얼마나 가져와야 하는데요? 10마르크면 되나요?"

"아니! 1,000억 마르크는 있어야 해."

"1,000억이요?"

뮐러는 입을 다물지 못했어요. 아무리 물가가 올라도 그렇지, 빵 하나에 1,000억 마르크라니요. 그때 마침 한 노인이 리어카를 끌고 제과점에 도착했어요. 리어카에는 지폐가 가득 실려 있었어요.

"주인 양반! 돈 가져왔으니 이제 빵을 주시오!"

뮐러는 결국 빵을 사지 못하고 제과점을 나와야 했어요. 밖에는 지폐들이 굴러다녔어요. 한쪽에는 지폐를 태우는 사람들까지 있었어요.

"대체 이게 어떻게 된 일이지?"

뮐러는 주린 배를 움켜쥐고 집으로 터덜터덜 돌아갔어요.

초인플레이션은
돈을 휴지처럼 가치 없게 만들지

만약 돈을 찍어 내는 기계가 있다면 여러분은 뭘 하고 싶나요? 먹고 싶은 것도 마음대로 사 먹고, 갖고 싶었던 최신형 스마트폰도 구입하겠지요? 또, 비행기 타고 해외로 여행도 가고, 돈 걱정 없이 뭐든 척척 사들일 거예요.

하지만 실제로 이런 일이 생긴다면, 그것도 정부가 무분별하게 마구 돈을 발행한다면 사회적으로 큰 문제가 생길 거예요. 돈의 양이 많

돈의 가치가 떨어지면 상인은 제품 가치를 지키려고 값을 올릴 거야.
물가가 안정되려면 돈의 양이 적당해야 해.

아지면 가치가 하락해 상대적으로 물가는 높아지게 되거든요. 한 판에 2만 원 하던 피자가 5만 원이 되었다면 3만 원을 더 내야 되기 때문에 돈의 가치가 그만큼 떨어졌다고 할 수 있어요.

돈의 가치가 떨어지면 더 많은 돈을 줘야 물건을 살 수 있으니 생활이 급속하게 나빠지겠지요. 이처럼 화폐 가치가 떨어지면서 물가가 꾸준히 오르는 경제 현상을 일러 인플레이션이라고 해요.

앞의 뮐러 이야기는 인플레이션을 보다 실감나게 전하기 위해 아주 극단적인 예인 '초인플레이션'을 그린 것이에요. 초인플레이션은 물가가 급등하는데도 정부가 통제를 못하고 화폐의 양을 늘려서 가치

물가는 늘 예민해. 그만큼 국민 살림에 미치는 영향이 크기 때문이지.

를 맞추려다가 사태가 크게 악화되는 걸 말해요.

독일은 초인플레이션을 경험한 대표적인 나라예요. 제1차 세계대전에서 지면서 막대한 배상금을 물어야 했어요. 이를 해결하기 위해 독일 정부는 많은 양의 지폐를 찍어 냈어요. 그러자 물가가 급속도로 올라 단숨에 7,500배, 몇 개월 뒤에는 무려 75억 배나 뛰었어요. 1마르크 하던 빵을 1,000억 마르크를 줘야 살 수 있었으니까요.

1923년의 일로, 우리나라 화폐로 치면 1,000원짜리 아이스크림을 100조 원에 사 먹는 것과 같아요. 한번 오르기 시작한 물가는 걷잡을 수 없었어요. 거리에는 지폐가 쓰레기처럼 나뒹굴고 손수레 가득 지폐를 담아서 다니는 사람들도 있었어요.

초인플레이션의 발생은 매우 드물지만 인플레이션은 20세기 중반 이후 거의 모든 산업국가들이 경험하는 일이에요.

최근에는 남미의 베네수엘라가 초인플레이션에 빠졌어요. 2018년도 물가 상승률이 170만%에 달했다고 하니 가늠도 되지 않아요. 베네수엘라는 석유 매장량 세계 1위의 산유국이지만 원유시장 침체와 정부의 가격 통제 실패 등으로 경제가 망가졌지요.

그런데 인플레이션이 왜 문제가 되냐고요? 물가가 상승하면 우리 생활에도 안 좋은 영향을 끼치기 때문이에요. 먼저 월급을 받는 직장인들은 오른 물가 때문에 손해를 보게 돼요. 물가가 오른 만큼 금방 월급을 올려 주진 않거든요. 또, 제품의 가격이 오르면 더 비싼 값으로 해외에 팔아야 되기 때문에 수출도 잘되지 않아요.

돈의 가치가 떨어져서 생기는 문제점은 또 있어요. 저축을 하면 손해를 볼 수 있기 때문에 저축하는 사람이 줄어들게 돼요. 그럼 기업이 은행에서 돈을 빌리기 어려워져 산업계에도 나쁜 영향을 끼쳐요.

때문에 정부는 돈의 양을 줄이거나 상품 공급량을 늘려 물가가 내려가게 하는 등 인플레이션이 발생하지 않도록 많은 노력을 해요.

전염병으로 닭들이 폐사해 달걀 생산량이 줄었다면 달걀 가격뿐만 아니라 달걀이 들어가는 모든 제품의 가격이 오르겠지요? 그럴 때 정부가 농가의 전염병을 퇴치해 달걀이 정상적으로 공급되도록 하는 거예요. 또, 달걀을 수입해 부족한 물량을 메워서 시장을 안정시키기도 한답니다.

자, 이제 돈을 찍어 내는 기계가 마냥 좋은 것만은 아니라는 걸 깨달았나요? 혹시라도 이런 꿈을 꾸고 있는 친구가 있다면 이렇게 말해 주자고요.

"안 돼! 인플레이션이 얼마나 무서운데!"

핵심 요약 13

"빵 하나에 1,000억이라고?"

1차대전 후 독일에서는 돈의 가치가 폭락해 물가가 75억 배로 뛰었어.

인플레이션의 극단적인 예인 1923년 독일의 초인플레이션. 지폐 가치가 너무 떨어져 아이들 장난감이 됐다.

"물가가 너무 올라서 힘들어."
"회사도 앞을 예측할 수 없는지 금방 올려주진 않아."

화폐 가치가 떨어지면서 물가가 꾸준히 오르는 걸 인플레이션이라고 해.

인플레이션은 물가와 관련이 커서 정부는 늘 신경을 써.

인플레이션이 심하면 저축률이 떨어져 산업자금도 안 돌게 돼.

"돈 가치가 없을 땐 차라리 금을 사두는 게 낫지."

"계란 값이 오르면 계란을 쓰는 빵, 과자도 덩달아 오를 거야."
"그래서 물가를 잡으려고 수입하는 거구나."

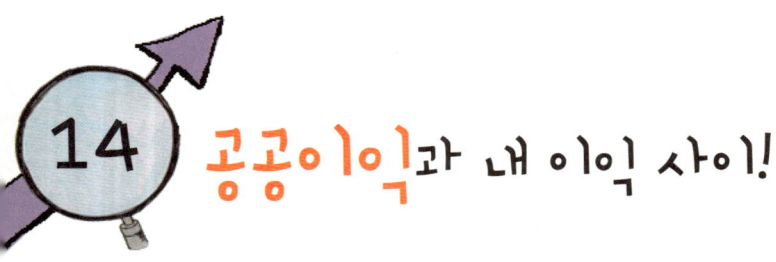

14 공공이익과 내 이익 사이!

"엄마! 진짜 저 원피스 사 주시는 거예요?"

"그럼. 곧 네 생일이잖니. 엄마가 미리 선물해 주는 거야."

"우와! 엄마 최고!"

예솔이가 폴짝폴짝 뛰며 소리쳤어요.

예솔이는 엄마와 함께 백화점에 가는 길이었어요. 원피스도 사고, 엄마랑 맛있는 것도 먹을 예정이었지요.

'제일 예쁜 걸로 사야지!'

예솔이는 노란 원피스를 입은 자신의 모습을 상상했어요. 그러자 슬그머니 웃음이 나왔어요. 마침 날씨도 화창해서 예솔이의 마음은 더더욱 즐거웠답니다.

이익집단의 바탕에는 자기이익 심리가 깔려 있어. 그것도 시장 경제의 한 모습이지.

"우리 가는 길에 광장에 들러서 꽃구경할까?"

"네, 좋아요!"

마침 백화점 가는 길에 큰 광장이 있었어요. 광장 주변에 꽃나무가 많아서 봄이 되면 예쁜 꽃들을 볼 수 있었지요. 예솔이는 엄마 손을 잡아끌며 광장으로 향했어요.

"엄마! 사람들 좀 봐요."

주말도 아닌데, 광장에는 많은 사람들이 모여 있었어요. 처음엔 꽃 구경하러 왔나 보다 생각했지만 그건 아니었어요. 수많은 사람들이 깃발을 들고 뭐라 뭐라 큰 소리로 외치고 있었거든요.

"편의점 약 품목 확대를 중단하라!"

공공이익과 내 이익 사이! · 117

1987년 민주항쟁은 민주화와 함께 이익집단이 급증하는 계기가 되었어.

"중단하라! 중단하라!"

광장 앞 단상에서 누군가 크게 외치자 많은 사람들이 손을 번쩍 들며 따라 외쳤어요.

"저런. 약사들이 시위를 하고 있구나."

"약사들이요? 약사들이 약국에 있어야지 왜 시위를 해요?"

예솔이가 깜짝 놀라 물었어요.

"예솔이 저번에 편의점에서 엄마 두통약 사 왔었지?"

"네! 그날 일요일이어서 약국 문을 닫았더라고요. 다행히 편의점에서 살 수 있었지만요."

"맞아. 언제든 필요할 때 편의점에서 약을 구하면 되니까 참 편리하지. 하지만 거기서 모든 약을 살 수 있는 건 아니야. 그래서 정부가 편의점에서 팔 수 있는 약의 품목을 늘리겠다고 발표했단다."

"우와! 정말이요? 잘됐다!"

예솔이가 짝짝 박수를 치며 말했어요.

"하지만 약사들의 생각은 달라. 약사와 상담도 없이 약을 함부로 사고팔면 국민 건강에 문제가 생길 수 있다면서 반대하고 있지."

"그럴 수도 있겠지만 약국 문을 닫는 주말이나 밤에는 정말 필요한데."

"그래서 뉴스에서는 약사들의 말을 곧이곧대로 전하지는 않아. 편의점에서 파는 약의 종류가 늘어나면 약국에 손해가 되기 때문에 그걸 막으려는 시위라고 비판하지."

예솔이는 잘 이해가 되지 않았어요.

'시민들을 위해 국가가 결정한 건데, 저렇게 꼭 반대를 해야 하나?'

저마다의 이익 추구로 시끄러운 것도 시장경제

만약 학교가 인근 주민들의 주차 문제를 해결하기 위해 운동장의 일부를 주차장으로 바꾸겠다고 발표한다면 여러분은 어떻게 할 건가

일을 멈추는 시위인 파업은 주로 임금을 비롯한 근로 조건이 문제가 돼. ©Fotolia

요? 언제든지 뛰어놀 수 있는 운동장을 빼앗기게 되므로 어린이회장 등이 중심이 되어 학생들이 단체로 반대할 거예요. 내가 누릴 수 있는 이익을 빼앗기는 것과 같으니까요.

하지만 세상에는 자신들의 이익을 위해 공공의 이익은 아랑곳하지 않고 집단적 행동을 하는 모습이 더 많아요. 동네에 장애인 학교가 들어서는 걸 주민들이 반대하는 경우가 있어요. 장애인 학교가 있으면 집값이 떨어진다는 이유에서지요. 사실은 별 근거도 없고 장애인도 국민이니 교육을 받을 권리가 있는데 말이에요.

이처럼 같은 목적을 가진 사람들이 자신들의 이익을 위해 집단을 이루어 행동하는 모임체를 이익집단이라고 해요. 이익집단은 문제가 되는 일이 있을 때 긴급히 만들어지기도 하지만 특정 목적을 위해 조직되어 오랫동안 활동해 온 단체도 많아요.

예를 들면 노동조합이나 농민단체, 변호사협회, 시민연대, 무역협회, 의사협회 등이 그런 단체들이지요. 이들 단체의 소속원들은 평소에는 각자의 일을 해요. 그러다가 자신들의 이익이 침해당하거나 정부에 요구 사항이 있을 때 똘똘 뭉쳐서 한 목소리를 내요. 그 규모가 커지면 대규모 시위나 집회의 형태로 나타나기도 하고요.

여기서 이익이라 하면 대부분 돈과 관련되기 때문에 시장경제를 이야기하는 이 책에서도 중요하게 다루는 거예요. 그리고 쟁점인 문제들은 거의 정부 정책과 연관되어 있어서 정치적인 싸움이 되기도 해요.

옛날에는 백성들의 단체행동 기회가 제한되었지만 오늘날에는 그렇지 않아요. 민주주의 사회에 맞게 많은 시민들이 정부나 사회를 향해 목소리를 내고 자신들의 이익을 대변하고 있어요.

우리나라는 본격적인 산업화가 시작된 1970년대부터 이익집단의 수가 점차 증가했어요. 1987년 6월 민주항쟁 이후에는 민주화와 자유화의 영향에 힘입어 폭발적으로 늘어났지요. 사회가 발전하고 복잡해질수록 이해관계도 다양해지기 때문이에요.

이익집단은 정부 또는 기업의 정책이 자신들에게 유리한 방향으로 결정되도록 압력을 넣고, 그런 힘을 높이기 위해 시위나 파업에 나서기도 해요. 그로 인해 국가 경제에 피해를 입히고 때론 커다란 사회적 갈등을 낳기도 해요. 그렇다고 이익집단을 없앨 수는 없어요.

민주주의 국가에서 개인의 권익을 위해 단체 활동을 하는 건 법률로 보장되어 있으니까요. 그러므로 정부든 기업이든 이익집단의 요구가 있을 때는 대화와 타협으로 서로의 입장을 조율해야 해요.

이익집단의 긍정적인 면도 있어요. 자칫 침해되기 쉬운 개인의 권익 수호를 돕고, 구성원의 생각을 정부나 기업에 전달하는 데 중요한 창구가 되며, 개인보다 훨씬 힘이 강한 정부나 기업의 정책이 일방적으로 흐르지 않도록 견제하고 비판하는 역할을 하니까요.

다만 무엇이든지 과하면 독이 된다고 했어요. 내 이익도 중요하지만 다수의 이익은 더 중요하지요. 그러니 어느 한쪽이 독주하는 기울어진 운동장이 되어서는 곤란해요. 모두 다 함께 잘 사는 사회가 더 중요하니까요.

15 큰 정부는 뭐고, 작은 정부는 뭐야?

"마스크 준비했지?"

"당연하죠!"

아빠의 말에 지민이가 마스크를 쓰며 소리쳤어요.

지민이는 며칠 전 TV에서 '신비의 나라, 이집트'라는 주제로 전시회가 열린다는 소식을 들었어요. 평소에 역사에 관심이 많던 지민이에겐 무척 반가운 일이었지요. 주말에는 사람이 몰리니 평일에 가자며 아빠는 흔쾌히 지민이를 위해 회사에 휴가를 냈어요.

지민이는 이집트 미라를 볼 생각에 벌써부터 가슴이 두근두근 뛰었어요.

"버스 왔다!"

마침 전시회장으로 가는 버스가 도착했어요. 아빠가 먼저 타고, 지민이가 뒤따라 탔어요.

　"아빠! 카드 찍어야죠!"

　아빠가 깜빡했는지 카드도 찍지 않고 그냥 자리로 가고 있었어요.

　"오늘은 안 찍어도 돼. 버스랑 지하철이 무료거든."

　"에이. 그런 게 어디 있어요."

　지민이는 의아했지만 일단을 아빠를 따라 자리에 앉았어요.

　"하하. 요즘 미세먼지가 심하잖아. 그래서 매연을 줄이기 위해 개인차 대신 대중교통을 이용하라고 정부가 세금으로 대중교통 요금을 내주는 거야."

　"헉, 정말이요? 그래서 아빠가 자가용 대신 버스 타자고 하신 거구나."

　"이렇게라도 미세먼지를 줄일 수 있다면 동참해야지."

　아빠가 지민이의 머리를 쓰다듬으며 말했어요.

　"그런데 정부가 자동차를 타지 말라고 막 간섭해도 돼요? 그건 우리 마음이잖아요."

　"의도하지는 않더라도 우리 행동이 다른 사람들에게 피해를 주는 경우가 있어서 정부의 개입이 필요한 거야. 대기 환경을 개선하기 위해 정부가 나서서 석탄발전소 가동을 중단시키는 것처럼 말이야."

　아빠는 지민이가 이해하기 쉽도록 차근차근 설명해 주었어요.

　"정부가 또 개입하는 게 있어요?"

"많지. 법으로 최저임금을 정해서 근로자를 보호하고, 아이를 키우는 부부들을 위해 국공립 어린이집도 확대하고 있단다."

"꼭 아픈 곳을 치료해 주는 의사 같아요. 시민들의 아픈 곳을 치료해 주는 의사!"

지민이의 말에 아빠가 웃음을 터뜨렸어요.

"하하! 그래서 이런 정부를 큰 정부라고 불러. 국민 개개인의 삶을 적극 챙기거든."

"큰 정부요? 그럼 작은 정부도 있어요?"

지민이가 농담처럼 물었어요.

"그럼. 예전에는 작은 정부였어. 정부는 그저 범죄 없이 국민들이 안

1929년 미국 경제대공황은 큰 정부의 시발점이 되었어.
여러 정부 사업을 통해 실업자를 구제했지.

전하게 살 수 있도록 지키는 역할만 했지. 국민 복지나 인권 같은 문제에 대해 별로 신경 쓰지 않았단다."

지민이는 작은 정부 때의 사람들은 어떻게 살았을까 몹시 궁금했어요.

'전시회 보고 나서 경제에 대해 공부해 봐야지.'

창밖으로 뿌연 하늘을 바라보며 지민이는 생각했답니다.

경제에 적극 관여하는 정부와 자율을 중시하는 정부

큰 방, 작은 방, 큰 나라, 작은 나라는 들어 봤어도 큰 정부, 작은 정부는 좀 생소하지 않나요?

19세기 이래 1929년의 미국 경제대공황이 발생하기 전까지는 '정부'의 역할이 매우 소극적이었답니다. 경제와 관련해서도 대부분 민간에 맡겨 놓는 편이었어요. 물가, 월급, 고용주와 노동자의 분쟁을 모두 당사자끼리 해결하도록 했지요. 그때는 시장을 정부가 간섭하지 않는 게 더 옳다고 생각했어요. 이러한 정부를 작은 정부라고 해요.

작은 정부는 '자유방임주의'라는 경제 사상을 바탕으로 해요. 이는 스코틀랜드 출신의 애덤 스미스(1723~1790년)가 《국부론》이라는 책을 통해 주장한 이론이랍니다. '자유방임'이란 내버려 둔다, 라는 뜻이에요. 즉, 시장에는 이익과 손해를 적절히 맞추는 균형 심리가 있기 때문에 자연스럽게 질서가 정해져 경제가 돌아간다는 것이지요.

과거엔 미국 역시 자유방임주의 경제였어요. 그런데 1920년대 미국은 자유방임이 지나쳐 계층 간 소득불균형이 심했어요. 국민의 5%에 해당하는 상류층이 소득의 3분의 1을 차지했지요. 그런 가운데 부자들의 여유 자금은 주식시장에 몰려 있었어요.

뭐든 과하면 부작용이 생기는 법! 1929년, 잔뜩 올랐던 주식 가격이 폭락하며 기업들은 엄청난 자산 손실을 입었고 은행에서 빌린 돈을 갚지 못해 파산하기 시작했어요. 그에 더해 제1차 세계대전 동안 무기와 군용물품을 생산하던 공장들도 전쟁이 끝나자 어려움을 겪고 있었어요.

학교 급식 콘테스트 1위 학교의 식단. 큰 정부는 국민의 삶의 질에 관심이 많아.

기업이 파산하고 공장이 문을 닫게 되니 실직자들이 생겨나고, 그러면 시장의 물건은 더 안 팔리지요. 그러니 일반 공산품, 농산물 등도 판매가 뚝 떨어져 불경기가 미국 전역으로 번져 갔어요. 이런 악순환이 반복된 시기를 일러 경제대공황이라고 해요.

다급해진 미국 정부는 두 팔을 걷고 나서기 시작했어요. 1932년 대통령에 뽑힌 루스벨트(재임 1933~1945년)는 댐, 도로, 항만 등을 건설하는 공공사업을 벌이며 실업자들을 고용했어요. 또, 노동자들의 최저임금을 법으로 정해 지나친 저임금이 없도록 했어요.

정부가 경제에 적극 개입하기 시작한 거지요. 이는 정부가 재정 지출을 늘려서 실업자 수를 줄일 수 있다고 주장한 영국의 경제학자 존 M. 케인스(1883~1946년)의 이론에 근거해요. 자본주의의 시행 과정에 나타나는 문제들을 정부가 나서서 고쳐 나가는 방식이에요. 이렇듯 정부가 경제는 물론 국민 생활 전반에 적극적으로 개입하는 것을 큰 정부라고 해요.

사회 곳곳에 관여하자니 큰 정부는 조직과 기능도 큰 편이에요. 작은 정부는 많은 부분을 민간에 맡기므로 상대적으로 간결하고요. 물론 지금은 작은 정부라 해도 과거와 같이 자유방임하지는 않아요.

큰 정부는 국민의 삶의 질을 높이는 복지에 많은 관심을 쏟는 만큼 경제 정책도 그쪽으로 기울어요. 최저임금, 노동 시간, 사회적 약자에 대한 배려 등과 같은 정책을 중시하는 게 그런 모습이지요.

하지만 이 역시 문제점은 있어요. 정부가 여기저기에 관여하면서 돈도 많이 쓰기 때문에 국민들이 세금을 많이 내야 해요. 또, 과도한 시장 개입으로 경제의 활력을 떨어뜨린다는 지적도 따라요. 그래서 기업들은 불만을 쏟아 내기도 한답니다.

실제로 큰 정부 아래서 경제가 어려워진 나라들이 생기자 1970년대에 접어들면서 작은 정부를 지향해야 한다는 주장이 다시 힘을 받기 시작했어요. 이른바 '신자유주의'예요. 이 이론에서는 정부가 나서는 일을 줄여서 시장경제를 더 활성화해야 한다고 해요. 반면 국민 복지는 챙기되 과도하면 근로 의욕을 저하시켜 경제 성장에 걸림돌이 된다고 말해요.

정부의 경제 정책은 출신 정당의 성격에 따라서도 갈리는 편이에요. 미국도 한국도 대개 보수당 정부는 작은 정부, 진보당 정부는 큰 정부를 선호해요.

큰 정부, 작은 정부는 어느 쪽이 월등히 낫다고 말하기 어려워요. 한쪽의 집권이 지속되면 필연적으로 문제점을 드러내 정권이 교체되면서 반대쪽의 정책으로 바뀌는 게 일반적이에요.

Too Big to Fail(공룡은 죽지 않는다)! 자본주의 체제에서 대기업의 힘을 상징하는 그림이야.

핵심 요약 15

16 경제에도 심판이 있다고?

"언니! 주문이 또 들어왔어!"

수지가 들뜬 목소리로 소리쳤어요.

"정말?"

그 말에 은주가 후다닥 컴퓨터 앞으로 달려갔어요.

-꿀밤케이크 너무 맛있어요! 재주문합니다.

-우리 아이가 너무 좋아해요!

-엄마 생신 케이크로 딱이에요! 친구 생일 선물로 또 주문합니다.

홈페이지에는 '꿀밤케이크'를 구입한 고객의 후기 글이 계속 올라오고 있었어요. 처음엔 잘될까 걱정이 많았는데, 벌써 주문량이 세 배나 늘었어요. 신바람이 난 수지는 얼른 케이크를 포장했어요.

빵 만들기를 좋아했던 은주는 한번 맛보면 잊을 수 없는 그런 케이크를 만들고 싶었어요. 그래서 동생 수지와 함께 2년에 걸쳐 꿀밤케이크를 완성했어요. 품질 좋은 토종꿀을 직접 찾아다녔고 알밤이 유명한 농촌도 가 봤어요.

그뿐만이 아니었어요. 달콤한 꿀과 고소한 알밤이 조화를 이루는 기술이 필요했거든요. 은주와 수지는 밤낮 가리지 않고 케이크 만들기에 열중했어요. 만들어서는 맛보고 또 만들고. 그렇게 오랜 노력 끝에 꿀밤케이크를 완성할 수 있었어요.

은주는 자신이 개발한 케이크 기술을 보호하기 위해 특허도 신청했어요. 작은 동네 제과점에서 시작한 꿀밤케이크는 이제 동네에서 모르는 사람이 없을 정도로 유명해졌어요. 또, 케이크를 먹은 사람들이 SNS와 블로그에 후기 글을 올리면서 전국적으로 유명세를 탔지요. 그 덕에 인터넷 판매도 시작할 수 있었어요.

하지만 이 기쁨은 그리 오래가지 못했어요. 유명 프랜차이즈 T 제과점에서 꿀밤케이크와 비슷한 '알밤케이크'를 출시한 거예요. 깜짝 놀란 은주는 수지와 함께 그 제과점을 찾아갔어요. 정말 '꿀밤케이크'와 모양, 맛까지 흡사했어요.

"우리 거랑 맛과 모양이 거의 똑같잖아!"

"맞아. 우리 거 베낀 것 같아."

T 제과점은 이미 '알밤케이크'를 대대적으로 홍보하고 있었어요. 은주는 T 제과점 본사에 항의 전화를 했어요. 하지만 돌아오는 건 자신

들은 따라 하지 않았다는 말뿐이었어요.

"주문이 너무 떨어졌어."

수지가 한숨을 쉬며 말했어요. T 제과점은 은주가 상대하기엔 너무나 큰 기업이었어요. 이렇게 장사를 접어야 하나, 은주는 고민이 되었어요. 억울한 마음에 도움을 요청할 곳을 찾아보던 중 소비자연맹이라는 단체를 알게 되었어요.

"걱정 마세요. 저희가 도와드릴게요. 이건 명백히 대기업의 횡포입니다. 우리는 T 기업에 골목 상권을 포기하라는 권고 성명서를 낼 겁니다."

다행히 소비자연맹은 은주의 편을 들어 주었어요. 그리고 공정거래

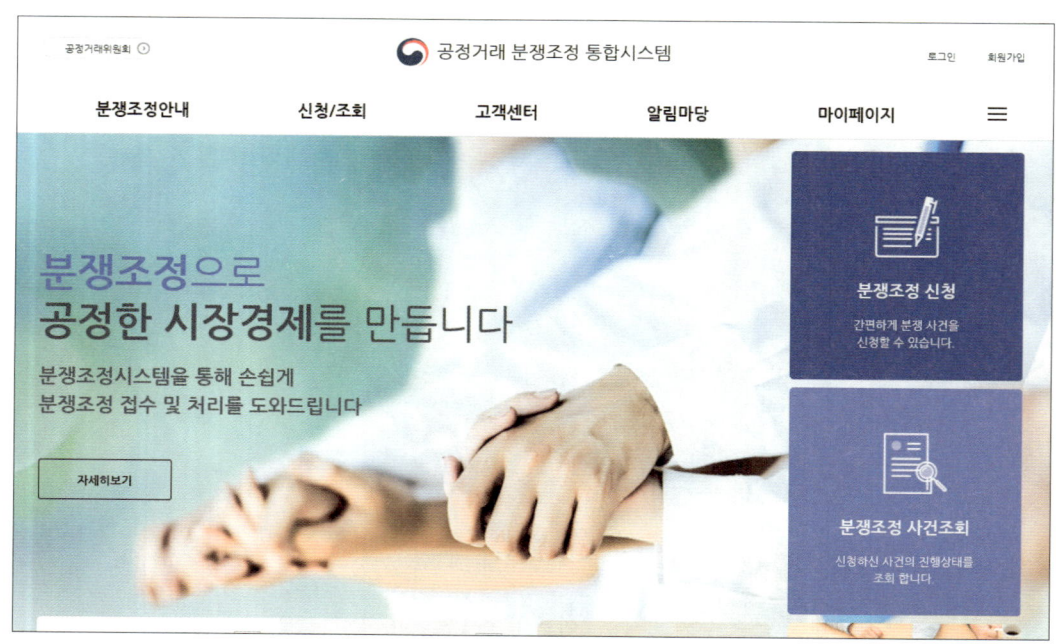

공정거래위원회는 불공정 거래를 감시, 고발, 구제하는 경제 경찰이야.

위원회에도 도움을 요청하겠다며 은주를 안심시켰어요.

"언니! 우리처럼 작은 상인들을 도와주는 단체가 있다니 정말 다행이야."

수지가 은주의 손을 잡으며 말했어요.

"그러게. 일이 잘 해결되었으면 좋겠다."

경제적 약자가 불이익을 받지 않도록 하는 공정거래

동네에 피자 가게가 딱 하나뿐이라면 어떻게 될까요? 경쟁할 대상이 없으니 마음대로 가격을 올리거나 원가 절감을 위해 질이 낮은 재료를 쓸지도 몰라요. 그럼 그 피해는 고스란히 소비자가 입게 될 테고요.

하지만 피자 가게가 둘 이상이면 서로 손님을 끌기 위해 좋은 재료를 쓰고 서비스를 개선하고 가격도 함부로 올리지 않을 거예요. 이런 선의의 경쟁은 피자를 더 많이 팔리게 해서 크게 보면 피자 가게와 소비자 모두에게 이익을 줘요.

시장경제에서는 누구든 자유롭고 공정한 경쟁을 통해 경제 활동을 할 수 있어요. 음식뿐만 아니라 가전제품, 자동차, 서비스 상품 등 어떤 품목이든 경쟁 속에 품질 개발이 일어나고 가격도 합리적으로 책

예식장에서 꽃장식을 끼워서 강제 판매하는 행위를 고발하는 뉴스.

정돼요. 이런 노력이 계속된다면 제품도 더 많이 팔릴 거예요. 이는 궁극적으로 기업, 나아가 경제 발전의 큰 원동력이 돼요.

그렇다면 경쟁은 다 좋은 것일까요? 경쟁이 긍정적인 방향으로 작동하면 참 좋겠지만 현실은 그렇지만은 않답니다. 더 큰 이익을 얻기 위해 규칙을 어기거나 상대방에게 압력을 가하는 등 공정하지 못한 경쟁도 흔히 일어나기 때문이에요.

경쟁보다는 비슷한 제품을 만드는 회사끼리 합심해서 제품 값을 올리는 행위(경제용어로 '담합'이라고 해요), 예식장 이용에 꽃장식을 포함시키는 등 고객 의사와 상관없이 물건을 끼워 파는 '거래강제', 힘센 대기업이 중소기업에 불이익을 주는 '거래상 지위남용', 중소기

WTO는 무역 분쟁을 중재하는 일을 해. 하지만 미국의 힘이 너무 세서 더러 곤란을 겪어.
ⓒFotolia

업이 개발한 기술을 대기업이 모방해 유사 제품을 만드는 '특허침해' 등이 그런 사례들이에요.

모두 불공정 행위에 해당된답니다. 제품의 질과 가격을 통해 자유롭게 이루어져야 할 경쟁이 온갖 반칙으로 엉망진창이 되어 버리는 셈이지요. 그리고 그 피해는 고스란히 소비자가 떠안게 돼요.

이런 문제점을 해결하기 위해 정부는 공정거래위원회라는 경제 심판을 두고 있어요. 기업들이 시장 질서를 잘 지킬 수 있도록 규칙을 만들고, 공정한 경쟁을 하도록 감시하는 거지요. 마치 축구 시합에서 선수들이 규칙에 따라 싸우도록 관리하는 심판처럼 말이에요.

공정거래위원회는 각종 불공정 거래 행위 등을 살펴요. 예를 들면 우월적 지위를 이용한 기업의 불공정 행위를 적발해 힘없는 작은 기업에 피해가 가지 않도록 도와주는 거지요. 뿐만 아니라 소비자에게 불리하게 만들어진 약관을 고쳐 소비자 피해를 방지해요. 또한 소비자가 제품을 선택할 때 중요 정보를 공개하게 함으로써 합리적인 선택을 할 수 있도록 하지요.

이런 심판은 국제 거래에서도 찾아볼 수 있어요. 바로 경제의 UN이라고 불리는 WTO(세계무역기구)예요. WTO는 나라 간의 공정한 교역을 위해 설립된 국제기구로 스위스의 제네바에 본부를 두고 있어요. 국제 거래 질서를 잘 지키도록 감시하고, 국가 간에 무역 분쟁이 일어났을 때 중재하는 역할을 해요.

심판은 운동 경기에나 있는 줄 알았는데 경제에도 있다니 놀랍지 않나요? 그렇다고 심판만 믿고 나 몰라라 하면 안 돼요. 우리 모두 공정한 경쟁이 이루어질 수 있도록 다 같이 경제 심판이 되어야 해요. 그래야 경제 질서를 어지럽히는 못된 기업들이 겁을 먹을 테니까요!

17 따뜻한 경제가 세상을 바꾼다

"운명하셨습니다."

의사의 말이 끝나자, 병실 안에 있던 많은 사람들은 눈물을 흘리기 시작했어요.

"아버지!"

"박사님!"

서글픈 울음소리가 병실 안을 가득 울렸어요.

1971년 3월 11일. 유일한 박사는 이렇게 생을 마감했어요. 많은 사람들이 슬퍼했지만 두 눈을 감은 유일한 박사는 평온한 모습이었어요. 마치 이 세상에서 할 일을 모두 다 마치고 간다는 표정으로 말이에요.

유일한 박사는 제약회사인 유한양행과 학교인 유한재단을 설립한 기업가이자 교육자예요. 1895년 평양에서 태어난 그는 미국 선교사의 추천으로 미국으로 유학을 가게 되었어요. 어려운 형편에 신문배달, 구두닦이 같은 일을 하며 학비를 마련했지요. 대학을 졸업한 뒤에는 식품회사를 설립해 큰 성공을 거두었어요. 하지만 마음속에는 늘 조국에 대한 그리움이 남아 있었어요.

결국 식품회사를 정리하고 귀국한 유일한 박사는 1927년 유한양행을 창립했어요. 조국에 가장 필요한 사업이 의료 분야라고 생각했거든요. 당시 일본의 지배하에 있던 많은 국민들이 기생충, 결핵 등 각종 질병으로 고통 받고 있었어요. 하지만 병을 치료할 약은 터무니없이 적었어요.

유 박사는 건강한 국민만이 잃었던 주권을 되찾을 수 있다고 믿었어요. 그래서 약을 만드는 게 시급하다고 생각했지요. 당시 유한양행에서 제조한 안티푸라민은 모든 가정에 비치되어 있을 정도로 인기가 많았어요. 그 덕에 기업은 점점 성장했어요. 기업의 이익을 위해 더 욕심을 낼 수도 있었지만 유일한 박사의 경영철학은 남달랐어요.

"기업은 개인의 것이 아니라 사회와 직원의 것입니다."

그는 기업이 잘되는 건 그 기업을 키워 준 사회 덕분이라고 생각했어요. 그래서 사회로부터 얻은 이익은 다시 돌려줄 의무가 있다고 생각했어요. 실제로 그는 직원들에게 회사 주식을 골고루 나눠 주었어요. 또, 1965년에는 개인 주식을 팔아 유한공업고등학교를 설립하는 등 인재 양성에도 앞장섰어요. 이러한 공로로 연세대학교로부터 명예

①유일한(유한양행 설립자), ②카네기(미국의 철강왕), ③빌 게이츠(MS 설립자)는 따뜻한 경제를 위해 기부를 생활화한 분들이야.

박사학위를 받았어요.

평생 사회를 위해 기업이 해야 할 의무를 실천했던 유일한 박사는 1971년 3월 11일 눈을 감았어요. 그의 선행은 거기서 멈추지 않았어요.

"아버지께서 모든 재산을 사회에 환원한다고 유언하셨습니다."

그가 쓴 여섯 장의 유언장엔 자신의 재산 전부를 사회에 환원한다는 내용이 적혀 있었어요. 또, 재산 모두 교육 발전을 위해 써 달라는 내용도 명시되어 있었어요. 아들에겐 스스로 자립해 살아가라는 말만 남겼을 뿐 한 푼도 물려주지 않았지요. 그가 남긴 돈이라고는 일곱 살 손녀딸의 교육을 위한 1만 달러뿐이었어요.

유일한 박사는 기업의 목적을 이윤 추구에 두지 않았어요. 기업은 사회의 것이라는 신념을 실천하며 앞장서서 선행을 베풀었어요.

이 때문에 그는 노블레스 오블리주(사회 지도층이 도덕적 의무를 다하는 것)를 실천한 대표적 기업가로 많은 사람들에게 기억되고 있답니다.

어려운 이를 보살필 줄 알아야 진정한 부자다

-만 석(쌀 1석은 약 144kg) 이상의 재산은 사회에 환원하라.
-흉년기에는 땅을 늘리지 마라.
-주변 100리 안에 굶어 죽는 사람이 없게 하라.

이 말은 12대를 이어 간 경주 최부자 집안이 대대손손 가르친 교훈이에요. 부자는 3대를 가기 어렵다는데 이 가문은 300년 동안 12대에 걸쳐 막대한 재산을 모았어요. 그리고 그 재산을 가난한 사람들을 위해 아낌없이 썼어요.

흉년이 들면 죽을 쑤어 거지들에게 나눠 주고, 곳간의 쌀을 풀어 이웃의 가난한 이들을 구제했어요. 또, 농민들이 빌려 간 쌀을 못 갚으면 담보 문서를 모두 없애 부담을 덜어 주었지요.

이뿐만이 아니에요. 일제강점기 때는 독립군에 자금을 지원했어요. 광복 후에는 전 재산을 대학에 기부해 교육 사업을 후원했고요. 최부자 집안과 유일한 박사는 우리나라에서 노블레스 오블리주의 상징과

정부의 기부 캠페인.

도 같다고 할 수 있어요.

노블레스 오블리주란 프랑스어로 '높은 사회적 신분에 맞는 도덕적 의무'라는 뜻이에요. 이 말은 고대 로마시대에서 유래되었어요. 초기 로마시대의 왕과 귀족들은 신분에 따른 여러 특권을 누릴 수 있었어요. 화려하고 풍족한 생활을 영위하며 여유로움을 만끽했지요.

하지만 이런 특권을 누리기 위해선 도덕적 의무가 반드시 필요하다고 생각했어요. 그래서 나라에 전쟁이 터지면 가장 먼저 참전해 시민들에게 솔선수범의 정신을 보여 주었어요. 이는 의무이자 명예로운 일이라 인식되었기 때문에 상류층 사이에서 자발적으로 이루어졌어요.

경제가 중요해진 현대에는 노블레스 오블리주가 경제로 옮겨졌다고 해도 틀리지 않아요. 사실 자신의 재산을 선뜻 기부한다는 건 쉽지 않은 일이에요. 그럼에도 불구하고 많은 사람들이 노블레스 오블리주를 실천하고 있어요.

부자인 채 죽는 건 부끄러운 일이라며 죽을 때까지 기부 인생을 산 미국의 철강왕 앤드루 카네기, 재산의 95%를 사회에 환원하겠다면서 해마다 1조 원이 넘는 돈을 기부하고 있는 마이크로소프트의 창립자 빌 게이츠, 국민 건강과 교육 사업에 헌신하다가 전 재산을 사회에 기부한 유일한 박사는 노블레스 오블리주를 실천한 대표적인 인물이에요. 이들의 행동이 위대한 이유는 돈의 액수를 떠나 따뜻한 경제를 만들어 내기 때문이에요.

우리가 사는 데 돈은 매우 중요해요. 돈이 없으면 삶의 질이 떨어질 뿐 아니라 생존까지 위협받을 수 있어요. 때문에 경제는 인간에게 이로운 방향으로 활용되어야 하는데, 이런 상태를 따뜻한 경제라고 불러요.

시장경제에서 자본이 가진 힘은 막강해요. 소비자의 다양한 욕구를 충족시킬 능력이 큰 대기업이 그렇지 못한 중소기업보다 여러 면에서 우월한 상황일 수밖에 없어요. 그러다 보니 대기업이 중소기업이나 노동자들에게 횡포로 느껴지는 행동을 하기도 해요. 그러지 않도록 기업을 경영하는 것이 중요해요.

정부와 언론, 시민단체가 공정한 경쟁에 어긋나는 행위를 감시하는 것도 따뜻한 경제를 위해서예요. 또, 사회적 기업도 따뜻한 경제를 만드는 데 큰 역할을 해요. 사회적 기업이란 재활용품을 수거해 판매하는 '아름다운 가게', 장애인을 고용해 과자를 생산하는 '위캔'처럼 기부 활동을 목적으로 설립된 회사를 뜻해요.

여기에는 신발 한 켤레를 팔 때마다 한 켤레를 기부하는 '탐스', 아프리카 여성들에게 저렴한 가격으로 생리대를 보급하는 '쉬', 노숙인들에게 중고자전거 수리 일자리를 주는 '희망자전거' 같은 업체도 포함돼요.

나만 잘사는 세상, 나만 돈을 많이 버는 세상이 아닌 우리 모두가 행복하게 사는 세상을 만들어야겠지요? 오늘부터라도 어려운 사람을 위해 작은 것부터 기부를 실천해 보는 건 어떨까요? 우리의 작은 시작이 큰 변화를 가져올 테니까요.

사회적 기업인 '희망자전거'는 노숙인들에게 중고자전거 수리 일자리를 주면서 수익금을 기부하지.

핵심 요약 17

"내 재산을 전부 사회에 환원하네. 교육 발전을 위해 써주게..."

유한양행 설립자인 유일한 박사는 따뜻한 경제를 실천한 대표적인 분이야.

조선의 경주 최부자 집안은 12대 300년에 걸쳐 어려운 이를 도운 진정한 부자야.

"노블레스 오블리주는 사회지도층이 도덕적 의무를 다하는 것을 말해."

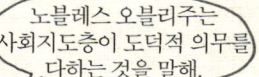

노블레스 오블리주라고 들어 봤니?

"우린 재활용품을 모아서 판매해 얻는 수익을 기부하지."

"가난한 이를 위해 집을 지어주고 있지."

"따뜻한 경제는 말로만이 아니라 실천이 중요해."

어려운 이웃을 돕는 일에 앞장서는 사회적 기업.

경제는 인간에게 이로운 방향으로 작용되어야 해.